我的孩子受伤了？

压力型创伤综合征科普书

孙欣羊（Dr. Daniel Sun） 著

图书在版编目(CIP)数据

我的孩子受伤了?：压力型创伤综合征科普书 / 孙欣羊著. -- 上海：上海社会科学院出版社，2024.
ISBN 978-7-5520-4458-4

Ⅰ. G444

中国国家版本馆 CIP 数据核字第 20248ZT464 号

我的孩子受伤了?
——压力型创伤综合征科普书

孙欣羊　著

| 策划编辑：黄婧昉 | 装帧设计：周清华 |
| 责任编辑：赵秋蕙 | |

出版发行　上海社会科学院出版社
　　　　　地址：上海顺昌路 622 号（200025）　电话总机：021-63315947　销售热线：021-53063735
　　　　　网址：https://cbs.sass.org.cn　E-mail：sassp@sassp.cn

印　刷	上海颛辉印刷厂有限公司	排　版	南京展望文化发展有限公司
开　本	890 毫米 x1240 毫米 1/32	印　张	7.125
插　页	2	字　数	168 千
版　次	2024 年 10 月第 1 版　2024 年 10 月第 1 次印刷		
ISBN	978-7-5520-4458-4/G · 1333	定　价	48.00 元

版权所有 翻印必究

亲爱的Emma和Caleb，
感谢你们愿意为爸爸的新书题字作画。
愿这本书成为你们成长过程中的礼物，
见证我们彼此生命的馈赠！

作者自序

想要写这本关于压力型创伤综合征的书,是因为在过去多年的临床工作中不断看到青少年出现休学、辍学、不想见人、无法外出,遂整天在家玩游戏、社会功能不断下降的现象。这些孩子一休再休、一辍再辍,直到无法完成学业,甚至在大学里无法毕业。眼看着他们本有大好前途却被卡住,笔者心里真为他们着急。

当这些孩子被带到医院看精神科,要么被诊断抑郁症,要么被诊断焦虑症,然后就是被迫大量使用药物,一些副作用随即出现。孩子一般来说不愿意再服药,家长也是两难,一方面看到药物副作用很担心,不想再让孩子服药,另一方面又觉得不服药又能怎么办呢?

有些家长狠狠心,强制孩子服药,心想只要吃药了就会好了。可问题是,药物服用了一个月、两个月、三个月,副作用是好了些,但症状怎么还是不见好转呢?按照"抑郁症"诊断而进行的心理咨询和心理治疗也做了几个月了,孩子怎么还是不上学,还是不出门,还是不见人,还是每天玩游戏,黑白颠倒。唉！这可怎么办呢？

当笔者和这些孩子面对面,了解他们的经历,倾听他们的想法,理解他们的感受,再加上家长补充的信息,包括成长经历、压力环境、事件刺激等,笔者忽然意识到一个问题：这些孩子真的是抑郁了吗？

如果他们真的是抑郁了,为何他们在家的时候情绪并没有明显低落,大部分时候表现得平静,甚至有时候还挺开心的？如果他们真的是抑郁了,为何他们在家的时候吃得好、喝得好、睡得好,并没有什么障碍？如果他们真的是抑郁了,为何在感兴趣的事情上,比如玩游戏时,情绪可以如此兴奋高涨,甚至可以通宵不睡觉,动力十足？如果他们真的是抑郁了,为何在偶尔的家庭出游时,还是可以享受食物的美味、风景的美好,也可以和父母有敞开的交流,就好像没有任何病症一样？如果他们真的是抑郁了,为何目前有效率在80%以上的抗抑郁药物治疗和心理治疗却不见效果呢？

正是这些疑问让笔者怀疑这些孩子可能并非抑郁,而是其他问题。

可是,如果他们没有抑郁,又为何无法出门见人,无法上学完成学业？如果他们没有抑郁,又为何时不时会割自己一刀自残一下？如果他们没有抑郁,又为何在被家长逼着去上学时,情绪大发作,大喊大叫,大哭大闹,毁物伤人,情急之下甚至会选择割腕跳楼？如果他们没有抑郁,又为何对未来如此没有盼望？

作为精神科医生,笔者很难说服自己给出"他们就是抑郁症"的诊断。不管从症状角度来看,还是从抗抑郁药物治疗效果反馈的角度来看,都很难说服自己,认为他们就是"抑郁症"。

如果他们的情况不是"抑郁症",那又是什么呢？

笔者经过多年对这些青少年案例的观察、治疗和跟进,终于可以找到一个比较满意的答案,那就是"压力型创伤综合征"。

因为"创伤",所以退缩,不想出门,不想见人。

因为"创伤",所以回避,不想去学校,无法履行作为学生的责任。

因为"创伤",所以觉得自己不行,自我效能感低,面对困难就会逃跑。

因为"创伤",所以认知出现偏差,对自己、对学习、对生活、对人生都发生了认知上的改变。

因为"创伤",所以无法发挥正常的社会功能,进而造成自我价值感低,甚至到羞耻的地步,觉得自己是个"废物",一无是处,才容易伤害自己,自残或自杀。

这所有的"因为"和"所以"合在一起构成了一个基本逻辑,就是病症和后果的逻辑关系,因为创伤,所以有这些症状。

说到"创伤",很多人会不理解,觉得怎么会是"创伤"呢?孩子又没有什么重大疾病,又没有被虐待,父母也没有离婚,老人也尚未去世,也没有经历什么意外事故,如车祸等,更没有经历什么自然灾害,如地震等。虽然经历了"新冠",但也没那么可怕,不至于到"创伤"的地步吧?

其实,这里说的"创伤"和传统意义上因重大生活事件造成的"创伤"并不一样。

这里说的"创伤"更像是压力型创伤,即持续存在的内外压力(外在压力包括学习压力、人际压力和其他事件压力,内在压力包括负面自我看待的压力、自我认知调适的压力等)刺激下,孩子本来就不太具有承受力和耐受力的内心产生了对压力的不适应,长期的不适应造成的易损状态使孩子在一件看似不严重的"稻草事件"刺激之下就可能全线崩溃。

　　说到压力,就不得不提当前社会的"内卷文化"。一句"不能输在起跑线上"的口号响彻全国,尤其是在北上广深一线城市,家长们为孩子的教育资源可谓是进行了不遗余力的竞争,想尽一切办法让孩子去最好的幼儿园、最好的小学、最好的中学和最好的大学,不惜花重金请最贵的家教给孩子补习各种课程,也不惜斥巨资培养孩子各方面的兴趣爱好。社会压力渗透到学校,学校压力渗透到家庭,压力一层层渗透到了孩子身上,压得孩子喘不过气来。久而久之,孩子已经处在亚健康状态,如果再有一个刺激性稍微强一点的事件发生,那"创伤"就一触即发了。过于强化的学习压力和人际压力,过于单一且缺乏支撑性的生活内容,沟通不畅的亲子关系,过于敏感的神经系统和一直被忽视的心理耐受力训练,加之不可避免的稻草事件,综合因素促成了"创伤"效应。

　　当笔者开始从创伤角度理解这些孩子,并使用创伤相关的治疗方法医治他们,看到了很好的效果。遂把这种特殊类型创伤及治疗方法整理成书,希望可以帮到更多处在这种困境中的孩子们。

孙欣羊
2023 年 12 月 7 日

前言

一位一直以来品学兼优的15岁高中女生突然有一天对妈妈说:"妈,我不想去上学了。"妈妈以为孩子身体不舒服,需要休息一下,也没多问,就给孩子跟学校请了一天假。孩子在家一天的时间几乎没有出过自己的房间,一直躲在房间里,父母不知道她在做什么,也不好闯进去看她在干什么,以为到第二天就好了。

第二天早晨,妈妈像往常一样准备好了早餐,等着孩子起床、吃饭、上学。可是等了很久,孩子房间没有任何动静。眼看上学就要迟到了,妈妈忍不住敲了敲门,没有回应,妈妈又敲了敲门,说:"宝贝,你起来了吗,上学要迟到了。"孩子还是没回应,妈妈忍不住了,想要直接推门进去,没想到门锁上了,推不进去,女儿之前从来不锁门的。这下妈妈急了,再次用力敲门并大喊女儿名字,这时孩子终于有了回应:"我不去上学了。"妈妈蒙了:"怎么就不去了呢?""不是请了一天假了吗?""你身体还不舒服吗?""需要去看医生吗?"孩子房间再次传来坚定的声音:"我再也不要去上学了。"

妈妈一脸蒙,赶紧把爸爸叫起来,把女儿的情况告诉爸爸。爸爸也是无比困惑,觉得孩子上学一直挺好的啊,学习又好,老师也喜爱,显然是申请头部大学的好苗子,甚至有去名牌大学的机会,怎么突然就不上学了呢? 怎么想都不甘心孩子就这么不上学了,就想方设法催逼孩子复学,可就算父母晓之以理、动之以情,孩子就是铁了心,威逼利诱全无效,死活就是不要再去学校,甚至以自杀相威胁,强烈抵抗。父母本以为孩子只是口头说说,不会真的自杀,可有一天孩子真的用刀把自己的手臂划得血肉模糊,父母见状,吓得完全瘫痪,从此再也不敢逼孩子上学,无奈之下只得缓图之。

家长年复一年带着盼望等待新学期开学的日子,可是每次等来的回复都是"坚定拒绝复学"。父母濒临绝望,四处求医问诊。

有的医生说是家长教养方式出了问题,家长需要改变,家长就高价购买心理学课程和父母教养有关的课程,白天上班,晚上上课,一心想着,为了女儿复学要努力学习,努力改变,只要家长改变,孩子就有希望;有的医生说是孩子得了抑郁症,需要服药,就花高价给孩子买了进口药,可是副作用还是很大,孩子吃了几天就不吃了;有的医生说孩子在学校遭受了欺凌,需要解决欺凌问题,家长就带着孩子三番五次找学校老师和领导了解情况,逮着蛛丝马迹就刨根问底,想知道孩子在学校到底经历了什么,还是无果。

听了这么多意见,家长也都一一尝试了,可还是解决不了问题,孩子就是不去上学。不但不去上学,连出门见人都困难,整天闷在家里,躲在自己房间里不出来,甚至吃饭都不和父母一起吃,把外卖拿到房间里自己吃。孩子长时间不出门,有时候在家偶尔看见时,发现孩子脸都没洗,头发也不梳,家长真是心急火燎,眼看着孩子有大好的青春年华却荒废在家里,也没有任何办法。

孩子坚持拒绝上学,直到如今已经有三年的时间。学校无法继续保留学籍,就不得不让孩子退学,成为一名辍学生。曾经的"学霸"现在变成了连高中都毕不了业的辍学孩子,家长的心碎了一地。

笔者当初遇到这个案例,本以为只是个例,觉得一定是这个孩子有难言之隐,只要把问题说清楚就可以复学了;或这个家庭有亲子沟通问题,只要给家长辅导一下,做一下家庭治疗,理顺亲子关系,就可以复学了;或孩子只是抑郁了,只要找到合适的药物改善症状,就可以复学了。

可后来发现,这个案例没那么简单,一般方法都试过了也不见效果。更让人困惑的是,身边这样的案例越来越多,一个接一个来到诊室,就像传染病一样泛滥开来,事情变得越来越失控。首诊时介绍病情,说起来好像大多就是因为各种各样听起来没那么严重的小事,忽然有一天就不去上学了,休学一年、两年、三年,其间复学一天、一周、一个月,始终无法彻底复学成功。笔者这才意识到这绝不是个例,而是有一个越来越泛化发展的趋势。

当这个趋势如此汹涌而来时,家长们完全摸不着头脑,不知道发生了什么,更不知道该如何应对。看遍了各种精神科医生和心理咨询师,听尽了各种解释和理论,试过了能想到的各种治疗方法,仍然无济于事,孩子还是待在家里连门都不出,用家长的话来描述就是"这孩子废了"。

当医生或心理咨询师将孩子的问题矛头指向家长时,说家长没有很好陪伴孩子,说家长和孩子沟通有问题,说家长对孩子要求太高等,家长们真是百般委屈,觉得"我到底做错了什么呢""我日夜辛苦赚钱养家,难道我还辛苦错了吗""我花费大量金钱在孩子的教育上,除了上学还有各种课外班,就是不想让孩子输在教育上,给他们提供最好的教育,这难道有错吗""当孩子无法完成学习任务时,我要求他、催促他、鞭策他,这有什么错吗""每个人都有自己的角色任务,学生就应该学习好""孩子作为学生,不就是应该好好学习、天天向上吗""学生阶段就是要把学习学好,其他都是空谈废谈""我这不都是为了孩子好吗""我真不敢相信这一切都怪到我头上来了"。

听到这些,笔者觉得家长说得有理。家长们真是不容易,费尽心力想让孩子好,结果孩子不但没好,反而把责任怪到了父母头上,真是百般委屈。

可是,当笔者让家长回避,请孩子来表达想法时,就发现孩子更是有话说,"他们整天就是要我学习学习学习,我都成了学习工具了""我一点业余时间都没有,我活得一点不像人样""他们根本不在乎我的感受""我学习都是给他们学的,我根本没有为自己活的权利""他们让我觉得学习就是唯一的人生目的和意义,如果学不好,活着就没有意义""我觉得我学习学不好,未来没有任何指望""他们根本不知道我想要什么""也根本不在乎我想要什么""我在他们眼里就是实现他们愿望的工具""是他们把我生下来的,我从来没有要求他们生我""我连选择父母的权利都没有""更没有选择自己人生的权利""如果可以,我可以选择不活吗""我学习学不好,早就想死了算了"。

听到这里,也不得不为孩子的话动容。这些孩子真是太不容易了,那么努力想要活得好看一点,活得像样一点,活得有点人味儿,可他们感觉是活得连点人味儿都没有。尽管从家长或外人看来,孩子的这种说法太夸张了,夸大了他们的困境,他们有衣有食甚至丰衣足食,享受了父母给他们最好的资源和条件,怎么就活得没有人味儿呢?

不管旁人如何看待,如果孩子的主观感受就是这样,那我们就要思考,他们的感受何以到此地步呢?如果他们真的这样想、这样感受,那恐怕他们就算自杀都有可能,因为他们觉得活着压力太大了,无力承受。就算家长觉得孩子的心态再没有道理,都无法对孩子已经到了生无可恋想要自杀的地步熟视无睹。

很多人,包括家长,会认为青少年自杀都是冲动,一时想不开而已,只要开导开导就一定不会想要自杀,毕竟大好年华、美好未来都等着他们呢,他们哪里舍得自杀呢?对持这种看法的人或家长,笔者想提醒说:现在有越来越多的青少年不是冲动自杀,而是理性自杀,即想清楚了所有因素、权衡了所有利弊,最终理性选择自杀,而且要选择一种无可挽回的自杀方式,决绝而死!

说到这里,我们不得不问,我们到底生活在一个怎样的时代?看似大好的盛世年华,为何会有那么多孩子选择自杀?

我们生活在一个现代化高度发展,给生活带来极大便利的时代;我们生活在一个各种享受生活的方式层出不穷,只要有钱就可以换着花样享受生活的时代;我们生活在一个充满竞争,压力横行,赚多少钱都不够的时代;我们生活在一个对于孩子来说只有学习一条出路,学习好就是正道,学习不好就垮掉的时代;我们生活在一个只要学习好就可以考上好大学,考上好大学就可以找到好工作,找到好工作就可以拿到高薪水,就可以过好日子的单一思维时代。

在这样一个时代,我们的孩子到底该如何面对如洪流狂卷一般的压力?!

这种压力不只是学习方面的,还有和父母关系的压力、和同学老师人际关系的压力,更有自我看待的压力,不被理解、无处倾诉、无法自主自控的压力,这些压力不是一天两天存在,而是一年两年常年存在,累积起来天天压在孩子肩上。

如果父母知晓或意识到孩子正在面对如临大敌般的压力,父母会如何反应?是否会有反应?是否知道该如何反应?

父母可能会觉得"在这个世界上活着谁没有压力""父母承受的压力不比你更重吗""你能有好学校上,有今天的生活,还不是父母辛苦努力赚来的吗""你承受这点压力就承受不了了吗""你心理怎么这么脆弱""我们小时候承受的压力比你们大多了,不还是咬着牙挺过来了""你们这些孩子,真是身在福中不知福"。

当家长这样想的时候,请不要忘记,我们父母希望孩子有心理承受力,但我们是否训练了孩子的心理承受力?作为父母,是否有责任教会孩子承受压力?如果没有训练过,孩子是否天然就可以承受这些压力?而且父母小的时候和现在孩子所承受的压力是否可以同日而语?

关于心理承受力这件事,笔者所能给出的完整描述是:一个人的"心理承受力"是在基因遗传基础上通过后天环境不断训练而来。这种训练在孩子尚未具备自我和自主意识前就已经先由父母主导开始,且在孩子逐渐长大、逐渐形成自我和自主意识之后,由父母主导逐渐转换为由孩子主导,尤其是在孩子成年后,心理承受力在孩子逐渐形成的第二认知系统中着力塑造而成。即便在由父母主导的过程中,心理承受力这种特质没有被训练塑造好,孩子成年之后的第二认知系统仍然具有强大的重塑能力,但父母主导的敏感期阶段对后续的重塑具有难以预估的重大影响。

在这段描述中,有几个关键点,下面来一一分析。

关键点 1　基因遗传因素

心理承受力一定会受到基因遗传因素影响。这一点可以从神经敏感性角度和认知发展水平两个角度来理解。大脑神经敏感性和钝感性与基因遗传因素有直接关系,同时也直接影响对压力或刺激事件的反应,即敏感的神经反应就大,钝感的神经反应就小。认知发展水平也和基因遗传因素所决定的脑回路疏密度有直接关系,认知发展水平高,对压力和刺激事件的理解力就高,反之则低。

如果心理承受力和基因遗传有关,那么孩子的心理承受力基因从谁遗传而来?

关键点 2　后天可训练

心理承受力不完全由先天决定,诸多心理学研究表明,心理承受力是可以后天训练的,且是需要训练的。即便先天从基因上有好的遗传,如果没有训练,也未必能发挥出来。如果心理承受力可以后天训练,在孩子还没有发展出自我意识的时候,由谁来主导训练?

关键点 3　先由父母主导

在孩子年龄还小的时候,尚未建立自我和自主意识,很难由孩子主导实施心理承受力训练。那么到底多小算小?目前脑发育理论认为,孩子在 0—3 岁、3—6 岁和 6—12 岁三个阶段分别是大脑发育的基础阶段、关键阶段和初步成熟阶段。3—6 岁开始具备带有抽象思维的认知能力,之后到12岁,这种能力不断发展成熟,到12岁之后,就可以形成比较明确的自我和自主意识。

在大脑初步成熟可以进行比较深度的抽象思考的12—18岁,孩子很多时候已经开始有自己的价值判断,有自己独特的应对方式,可以选择用什么方式面对外在环境的影响。这时候,孩子可以选择对自己进行相应的心理特质训练。

关键点4　主导角色转换

如果12岁之前,父母主导训练孩子的心理承受力效果比较好,那么12岁之后,孩子就可以逐渐主导自我训练,实现主导角色转换。虽然主导角色要改换成孩子,但家长并非就可以袖手旁观了,而是要不断引导、归正、扶持和帮助。在18岁之后,孩子就应该具备自我和自主意识,以更强的主导意识来选择自己想要的价值观和心智训练的方向。

关键点5　第二认知系统

第二认知系统是相对于在父母所主导的原生家庭体系中建立的第一认知系统而言的,是在孩子成年之后,尤其是脱离了原生家庭体系后,来到新环境下,接触新文化,接受新信息,逐渐建立起来的认知系统。在这个认知系统中,已经成年的孩子有机会重新选择自己想要的生活方式,有机会重塑自己之前尚未建立好的能力和品格。

关键点6　重塑能力

重塑能力是针对大脑神经可塑性原理而言的。神经可塑性理论认为,人的大脑在一生之中都可以实现重塑。这种大脑神经的重塑能力可以适用在几乎所有的能力领域和品质领域,当然也包括心理承受力的训练。

如果大脑具有这种重塑能力,孩子是否知道,并因此把重塑的责任归给自己?孩子从哪里知道这个信息呢?

关键点 7　敏感期训练

敏感期是指大脑发育理论认为,人的某种能力或心理特质在大脑发育的敏感阶段去训练可以达到最好的效果。心理承受力的具体敏感期不确定,但总体来说,从 3 岁之后,越早训练,就越有先入为主的主导优势。当然,这种训练需要以爱与安全感为根基,否则可能会将孩子暴露在过大的压力和痛苦中。

基于以上逻辑描述和关键点解释,你是否可以清楚看到,"心理承受力"这件事不是家长或孩子任何一方可以完全负责的,双方都有责任。谁的责任更多更大也不好说,因为彼此的责任是相互影响和制约的。

如果是这样,家长是否还可以肆无忌惮地批评孩子心理承受力不足呢?恐怕不能,因为这个批评就是在同时批评自己做家长没有尽到家长的责任。那么孩子是否可以肆无忌惮地抱怨家长没有培养好自己呢?恐怕也不能,因为就算家长没有培养好,自己在成长的过程中,越长大越有责任对自己进行重塑。

了解了这些概念的内涵,家长会如何面对孩子承受压力这件事呢?

现实情况不断告诉我们,对于孩子承受的巨大压力,父母并不知情;即便知情,也不了解孩子所承受的压力有多深重;即便了解,也不知如何帮助深受重压的孩子;即便知道,也没有时间和精力去实施这些帮助,因为生活的重压之下,谁不累呢,谁偶尔还没有个自我放弃的想法呢?

正是在这种长期的重压之下,孩子的心里已经危如累卵,随时可能坍塌崩溃。如果在这时,老师一句"你怎么这么笨",同学一句"你怎么这么丑",家长一句"我怎么生了你这么不争气的东西",恐怕就成了压垮孩子的最后一根稻草,压力创伤就此发生了。

目录

作者自序 / 1

前言 / 1

第一章　创伤的概念和特点 / 1

第二章　压力型创伤综合征的症状表现 / 29

第三章　压力型创伤综合征的诊断标准 / 63

第四章　压力型创伤综合征的鉴别诊断 / 69

第五章　创伤的相关治疗方法 / 109

第六章　创伤预处理：赋能系列技能 / 125

第七章　创伤记忆重构法 / 169

第八章　创伤记忆重构法的优势和劣势 / 189

第九章　压力型创伤综合征的康复 / 201

结语 / 207

后记 / 209

鸣谢 / 211

第一章

创伤的概念和特点

一、创伤 / 3

二、创伤综合征 / 5

三、压力型创伤综合征 / 9

四、青少年压力型创伤综合征 / 13

创伤的概念和特点

为了更好理解什么是压力型创伤,我们需要先从创伤的基本概念说起。

一、创　　伤

提到"创伤"或"创伤事件",大多数人首先想到的是诸如车祸意外、重大疾病、丧失亲人、地震灾情、战争影响等重大生活事件。毫无疑问,这些事件的确是创伤事件,但这些事件是否真的会带来创伤效应呢？未必。

举例来说,2008年汶川8级地震可谓是空前大灾难,汶川人民在地震中失去亲人、失去财产、失去家园,应该说是经受了极大的重创,但是不是汶川所有人都发生了创伤后应激障碍(PTSD)呢？并非如此。

研究资料显示,在全人群中PTSD的发病率大概是1%[1],如果是在受灾人群中比例可能会有所提高,但也绝不会到100%。那么问题来了,为何同样经受灾难创伤,却不是每个人都发生了创伤效应？

那是因为创伤效应的发生需要至少两个要素:一个是创伤事件,另一个是受伤者的心理承受力水平。

---

[1] 数据来源：美国精神医学学会编著.精神障碍诊断与统计手册(第五版)[M].张道龙,等译.北京：北京大学出版社,2015：268。

如果创伤事件足够强烈,受伤者的心理承受力相对不足,就会发生创伤效应;如果创伤事件很强烈,但只要受伤者的心理承受力很强,也不会发生创伤效应;如果创伤事件没那么强烈,但只要受伤者的心理承受力足够弱,那么也会发生创伤效应。

按照这个逻辑,即便没有发生前面所说的重大创伤事件,即便只是学习压力、一次考试成绩失利、人际关系压力、同学有意无意的忽略、老师在全班同学面前的批评、父亲一次严重的责骂或是家庭经济条件无法满足自己的需要,这些都可以成为创伤事件,造成创伤效应。

因此,家长们对创伤的理解需要升级,意识到在现今这个压力年代,在孩子还没有建立起心理承受力时,一件小事都可能成为压伤孩子的最后一根稻草。

一旦发生了创伤,会有哪些常见的症状表现呢?

简单来说,在创伤事件刺激的当下,人的情绪、认知和行为都会受到一定程度的影响。

情绪上,可能从低落到紊乱再到崩溃等不同严重程度,而且是反复发作。

认知上,可能会对创伤性事件有很多不解和困惑,进而造成认知失调,产生诸如"为什么是我""我不能相信这样的事真的发生了""为什么这样的事会发生在我身上""是不是我上辈子做了什么恶事才遭到如此报应""我这辈子算是毁了,再也翻不了身了"等各种认知失调的想法。

行为上,可能无法集中注意力,可能身体体力和动力都明显下降,可能无法继续履行平时正常的功能,比如上学、工作、与人交流等。除此之外,还可能有更严重的症状,比如幻听幻视,能够听见或看见亲人发生意外,或有妄想,觉得已经去世的家人和他约定做什么事情等。

二、创伤综合征

"创伤综合征"是比"创伤"更加复杂的概念。

如果说"创伤"更多是针对事件当下带来的影响,那么"创伤综合征"更多是指事件当下带来的深层次影响和事后带来的衍生影响。

前面提到,创伤可以在情绪、认知和行为等多方面对人造成可见或不可见的影响。有些影响在当下已经表现出来,有些影响在当下并未充分表现出来,而是在后来某些场景、事件或关系中才表现出来。

具体有哪些表现呢?

表现 1　特定场景下的失能态

创伤综合征的首要表现是和创伤场景相关的失能态。

如果孩子受伤的场景是在学校,那么就无法继续上学;如果是在家里被父母伤害,就躲在自己房间,不和父母讲话交流;如果是在某个课外学习班,就无法再去那个班学习;如何是被哪位同学伙伴伤害了,就再也无法见这个人,连这个人可能出现的场合都回避。这就是受伤场景下的失能态。

这种失能态如果仅限于受伤的特定场景,可能会有一定回避反应,但总体来说并不一定影响正常生活,除非这种失能态逐渐泛化到更多生活场景,造成更多场景的回避和功能受损。

表现 2　过度反应

受过创伤的人可能会有过度敏感的反应，一般人不太会有反应的场景对受过创伤的人来说会不自觉地过度反应。比如之前在学校受伤过，现在休学在家，一提到上学这件事，就可能出现浑身不适感，要么腹痛拉肚子，要么翻来覆去睡不着，要么心跳加速惊恐发作；比如在坐飞机时遇到气流发生颠簸，一般人会觉得这是正常现象，但对于曾经历过空中创伤的人来说可能会有大难临头的感觉，觉得要再次发生空难，觉得"自己之前幸免于难，这次估计活不成了"，开始有极大的恐惧反应。

这种过度反应和大脑的生存机制有关。想想看，如果你受过严重的伤害，大脑都还不对跟这个伤害相关的信息做特别强力的标记，下次再遇到这种场景，也没有发出强力的信号，那么就有可能再次受伤，甚至有可能小命不保，那就无法继续存活、延续后代。从生存本能角度来说，这种对危险的过度反应是需要的，这叫"宁可错杀一千，也不放过一个"，因为一不小心放过的那个警戒信号就可能有致命危险。

所以，孩子在学校受伤辍学后，每次再经过校门口，就会有过度反应，可能心跳加速、胸闷、手抖、出汗、呼吸困难，好像一块大石头压在胸口，又好像一块大骨头卡在喉咙。

这里的问题就在于"错杀"。"错杀"的意思就是大脑在识别场景信号时出现了错误匹配，把本没有危险的场景当成有危险，让人在本没有危险的情况下产生了躲避危险的回避行为。

表现 3　泛化退缩倾向

泛化退缩倾向是指和受伤场景要素有任何关联的场景和关系都会造成受伤者的退缩倾向。因为有过度反应，就会有退缩倾向。比如在学校受伤之后不能上学,甚至每次出门如果要路过学校门前,都需要做各种各样的心理建设,就算是坐在车上路过校门前都会出现极度紧张恐慌的反应,要求绕路而行,不要经过学校,或者有任何前同学参与的兴趣活动课外班也都不参加,觉得只要遇到同学就会惊恐发作;比如前例提到坐飞机遇到气流发生颠簸就会极其恐惧,甚至以后再也不坐飞机了,觉得坐飞机太危险了,甚至连路过机场都会不自觉心跳加速。

表现 4　被害错觉

被害错觉是指总觉得他人会伤害自己,但实际上并没有人要伤害他。

被害错觉和被害妄想不同,错觉是指觉得是这样,但实际上不是,而且自己也有觉察,知道是错觉,但控制不住会这样认为。被害妄想是指坚定认为就是有人要害他,且会采取相应行动对抗这种被害风险。

人类大脑对于受伤这件事会有很警觉的反应,一旦受过伤,就会对受伤事件中的所有要素进行重点标记,这种神经系统的标记的作用就是一旦在新环境中再出现这些要素,大脑就会发出强烈的预警信号,好像在说"前面危险,不要靠近,恐会丧命!丧命!丧命!……"

如果孩子在学校受伤,不管是受到老师的伤害还是同学的伤害,都有可能在其后的其他人际交往互动中,觉得对方要伤害自己,尽管理性上知道其他人际关系中的对方是善意的甚至是想要帮助他的,但头脑中的被害错觉总是挥之不去。

虽然这种错觉有生存优势,但同时也会带来大脑对场景识别错误匹配的麻烦。

表现 5　过度自我保护

一个经受过创伤的人总会有意无意想要保护自己，甚至草木皆兵变得过度自我保护。这是自我防御机制对于受伤这件事很自然的反应。前面说到不敢坐飞机，就算坐火车都需要带上救生药品；如果一个人生过冻疮，就会比常人多穿一件衣服，总觉得寒冷是件很可怕的事，需要进行加倍防护；一个创业失败的人可能再也不创业（少数人例外），要保护所剩不多的财产；一个婚姻失败的人可能再也不结婚，要保护残留不多的自尊；一个在学校受了伤的孩子就再也不去学校，不敢去面对那些伤害过他的人或场景。这些就是过度自我保护。

表现 6　反害倾向

反害倾向是指一个人在受伤之后，会泛化认为他人都要伤害他，因为会把曾经伤害他的人泛化投射在所有人身上，进而对所有人产生敌意，甚至想要伤害所有人，尤其是在对方体现出一点点和曾经伤害他的人相似的特点时，强化了受害者想要反害他人的想法和倾向。这种反害倾向是因为受害者在受害后发生心理严重失衡，想要通过反害他人来重获内心平衡。有些人在多次受伤之后，真的会生出报复社会的想法，当然这是个例。

表现 7　难生发感恩之心

如果总认为别人要伤害自己，也很自然能够理解为何很难或无法生发感恩之心。受伤之人的心里会觉得"即便我知道你这个人对我很好，我也控制不住自己总怀疑或担心你会不会伤害我"，那么"我就需要防备着，提防着，免得你伤害我"。在这种心态之下，受伤之人心里想着的总是如何防备他人，就无法真正体会他人对自己的善意，也就很难生发感恩之心。

由此，就可以理解有些孩子为何在父母为他们好像付出了巨大的代价和努力之后，仍然很难对父母有感恩之心，因为他们自己受伤了。

以上情况不一而足，都可以说是"创伤综合征"的具体表现，且会表现在很多具体事件、关系和场景的回应上。当然，并非每个受伤的孩子都会体现出以上所有表现，而是选择性的，因为每个孩子都不一样。

本书后续会详细讲解创伤以及创伤综合征的具体表现。

三、压力型创伤综合征

前面介绍了常见的创伤概念及基本症状表现，但奇怪的是，我们很难从这些描述中找到和前言中描述的那位 15 岁女生的案例有何相似之处。这是因为这位女生的情况根本不是通常说的创伤，而是一种特殊类型的创伤，可以称为"压力型创伤综合征"(stress-induced trauma syndrome, SITS)。为帮助大家更好理解 SITS 的概念，我们对 SITS 的概念作出如下解释：

压力型创伤综合征就是指人在尚未建立起足够强的心理承受力的前提下，经受持续累积的压力刺激之后，又遭遇了刺激程度更强的压力事件的冲击，造成当事人内心强烈受挫受伤，以至于在某一领域发生严重失能状态，不得不退缩到受伤领域之外的安全领域，总体体现为外部社会功能受损、内部安全领域功能尚好的矛盾状态。

在解释了 SITS 的基本概念之后，我们来梳理 SITS 的核心特点。

特点 1 持续不断的压力

青少年在承受着持续不断的压力，这一事实在日复一日的日常中已经被淹没了。

这些日常压力或许来自家庭，或许来自学校，一次又一次地重复发生，给孩子带来持续不断的压力影响，但孩子不知道该如何应对，在不知不觉中已经受伤。

如果父母不太懂得如何和孩子沟通，常常勉强甚至逼迫青少年做很多非自愿的事情，不管是课业补习班，还是课外兴趣班，都要用逼迫的方式威吓说："如果不去就会落后，你将无法上中国最顶尖的大学""我一年花几十万给你上最好的中学就是为了让你上最好的大学"。这种"唯分数论英雄，唯成绩论人生"的教育方式让孩子觉得"如果我学习不好，我的人生就毁了"。

"教育内卷"如何形容得了孩子被卷进怎样的洪流中呢？这种环境令人窒息，他们没有出口，也没有空闲的时间来呼吸新鲜空气。

特点 2 持续压力下压垮孩子的最后稻草

孩子可能经历过，也可能没有经历过典型的创伤事件，或许只是在经历一种持续的压力，无法应对和处理。这时，一件我们大人看来微不足道的事情都可能击垮他们。当着全班同学的面受到老师的斥责（尤其是还有暗恋的同学在场）；一门功课考试不及格（尤其是努力了很久的科目）；在课堂上犯错引发老师或同学的嘲笑(尤其是让人羞愧的那种低级错误);被同学忽视或者孤立(不管是客观事实,还是主观感受);被同学使用羞辱性语言伤害(尤其是在本来就没什么同伴的前提下);被父母误解或责打(尤其是伴有爸爸的羞辱性言语)……上述这些情况可能只发生了一次,就会使他们崩溃。

请注意,这些描述的事件看上去好像都不是什么大事,并非创伤后应激障碍概念中所指的重大创伤事件,但大家是否注意到有个共同特点,就是这些事件都造成了孩子某种程度的羞耻感。这种羞耻感特别容易造成压伤性的摧毁效果。

千万不要误解说"受伤就是因为孩子心理承受力太弱了",这种说法既没有完整理解孩子受伤的整体状况,又对解决问题毫无帮助,甚至会适得其反,因为这种说法并没有建立孩子的内在力量。受伤的孩子最需要的不是被指责,而是被赋能。

特点3　压伤后的失能感

在被"最后一根稻草"压伤后,孩子无法继续上学,只能待在家里。

孩子或许还可以玩玩游戏,甚至在玩"上头"时兴高采烈;或许还可以正常吃喝,甚至在吃到自己喜欢的食物时还很开心;或许还可以在偶尔的家庭聚餐或外出时感受到一些快乐,让家人亲戚觉得"这孩子挺好的啊""怎么说孩子生病了呢""怎么就不上学了呢"。

但随着时间的推移,他们始终无法真正释怀自己作为学生尚未完成学业这个事实,总觉得同龄人都在上学,可自己却待在家里,好像哪里不对劲一样。十几岁的孩子有一个约定俗成的重要角色,那就是"学生",而学生不上学就给人一种不干正事的感觉。

这种没有履行责任的状态慢慢就会生发一种对自己的质疑:"我到底何时复学""我到底能不能上学""我到底出了什么问题""我真的是病了吗,还是像他们说的只是矫情""如果真的不上学了,我以后怎么办""我可以出去打工吗""打工真的是我想要的吗""打工会不会太辛苦了""如果不打工,就在家待着什么都不干行不行""我就一直啃老行不行,父母会同意吗""可是我真的没办法回去上学啊""谁能来救救我啊""谁能真正理解我啊""难道我真的废了吗"……

特点4 泛化的负面自我看待

一旦孩子有了主体角色的"失能感",就会逐渐衍生出对自我这个主体的负面看待,体现出一种"废"的感觉,就是一种对自我整体的强力失能感。长期的失能感会让人越来越觉得自己做不到,他们常有的内心独白是"我不行""我不能""我做不到",甚至是"我是个废物""我一无是处"。

正是这种自我看待使他们的各种功能渐进受损,他们不能再回学校上学,不能再走出家门去外面做事情或与人互动,他们不愿意再与任何人交流,只能待在自己的房间里把自己封闭起来,躲在自己房间玩电子游戏、刷手机。

一边想着"就让我这样废下去吧",一边想着"我何时能够走出家门回到学校呢"。

长此以往,他们的情绪情感反应模式、自我认知和对外界世界的认知模式,以及自我行为和与人互动的行为模式都不可避免受到影响。孩子和家长本以为在家待上半年就可以回学校了,再不行待一年总可以回去了吧,再不济在家待两年总可以了吧?

可事实是:如果孩子无法被重新赋能,那么可能余生都不能再回到学校!

不但是回不了学校,就是面对任何其他有难度、有挑战的事情,孩子都会有类似面对上学时的为难和痛苦,这就是泛化的负面自我看待,觉得自己连上学这件事都做不好,还有什么事情可以做得好呢?

四、青少年压力型创伤综合征

青少年所在的"青春期"可谓是人生很特殊的生命阶段。在此阶段,身体激素水平陡升,身高、体重、容貌、第二性征等都在发生急剧变化。同时,大脑的发育发展也使他们在此阶段开始思考抽象深刻的问题,比如"我是谁?""我是什么样的人?""我要做什么样的人?""别人如何看待我?"。

不管是身体发育带来的变化,还是心理发展带来的变化,都会让青少年来不及理解,也无从理解和应对这些变化,一时措手不及。这种措手不及就会带来脆弱状态,身体和心理的双重冲击已经给他们造成了很大的压力,如果外在再经受其他压力就很容易被压垮。

可偏偏在这个时期,青少年要经受强大的学习压力、朋辈竞争和其他人际关系的压力,父母关系紧张甚至经常吵架和婚姻变故带来的压力,从小带自己长大的祖辈人生病甚至离世等压力。这里应外合的压力联合起来造成强烈的共振效应,压得青少年喘不过气来,感到焦虑、不安、迷茫、困惑、沮丧、消沉,甚至时不时感到无助、挫败、无力乃至孤独、无望。

可偏偏在这样需要父母支持的情况下,父母并不能理解他们青春期的孩子到底在经历什么。公允地说,家长也是自顾不暇,因为他们或许也在经历孩子所不懂得也无法体会的压力。所以,家长和孩子好像进入了平行轨道,各自承受着生活的压力,却无法彼此理解和交会。

感觉孩子好像忽然有一天就开始不理家长了,放学后就走进自己房间,把门一关,谁也不理,饭也不吃,晚上几点睡也不知道,早上叫起床也困难;忽然有一天就早恋了,怎么劝都没用,死活就是要和一个父母怎么都看不上的异性在一起,甚至威胁父母要离家出走;忽然有一天成绩不及格了,情绪很暴躁,说他几句,他就情绪爆发了,甚至摔东西、骂父母;忽然有一天就说不上学了,威逼利诱都无动于衷、无济于事,高昂的学费说白花就白花了。

家长和孩子在内心的平行轨道运行一段时间之后,发展成为行为上的平行轨道,直到这种不交会的平行轨道之间张力越来越大,爆发成为冲突事件。

父母也觉得很困惑无力,怎奈自己是没有持证上岗的一代(请允许笔者用这样的表达),因为很多父母在结婚生子之前并未意识到做父母到底意味着什么,做父母到底需要具备哪些素质和技能,做父母到底要付怎样的代价,直到他们真的做了父母才发现这是他们无法应对、尚未学会甚至无法承受的一种责任。

笔者写到这里,对家长和孩子都深感同情。笔触中无法对家长或孩子任何一方带有任何责怪的语气,因为越是理解,越是同情。

与其他国家的同龄人相比,中国青少年可能是一个非常特殊的存在。这种存在的特殊性在于没有哪一个国家或时代的家长比这个时代的中国家长更希望自己的孩子"出人头地""不输在起跑线上""在朋辈竞争中胜出""尽占最优资源并活出精彩人生"。

为此，家长们愿意付出任何代价，请注意，真的是"任何代价"。

在教育内卷越来越严重的当下，首当其冲的受害者到底是家长还是他们处于青少年时期的孩子？有些人认为是家长，因为家长在抵御压力洪流，保护孩子；有些人认为是孩子，因为就算家长抵挡了大部分压力，漏给孩子的那点压力在孩子没有建立起好的心理承受力时仍然是不能承受生命之重。

在这个世界上，没有什么比焦虑和恐惧更好贩卖的。铺天盖地的在线教育广告中，有一句广告词是这样的——"您来，我们培养您的孩子，您不来，我们培养您孩子的竞争对手"，在这赤裸裸的恐吓之下，您是焦虑呢，还是焦虑呢，还是焦虑呢！

在青少年中，焦虑、抑郁等精神障碍的发病率逐渐走高，无处排解的心理问题正在不断引发悲剧。2021年5月发布的中国儿童青少年精神障碍流行病学调查报告显示，有17.5%的儿童及青少年至少患有一种精神障碍。[1] 中科院心理所发布的《2022年青少年心理健康状况调查报告》显示，约14.8%的青少年存在不同程度的抑郁风险。[2]

青少年在承受着巨大压力的同时，或许看起来外在是有功能的，还是可以睡眠饮食，好像还是可以上学，还是可以交流。但随着时间的流逝，压力可能会累积到某个点，以至于他们可能会因一个成年人看来微不足道的事件而崩溃，他们被击垮了，丧失了正常的功能。所谓丧失正常的功能不一定是吃饭、睡觉这种基本

---

[1] 数据来源：LI F H, CUI Y H, LI Y, et al. Prevalence of mental disorders in school children and adolescents in China: diagnostic data from detailed clinical assessments of 17,524 individuals [J]. Journal of Child Psychology and Psychiatry, 2022, 63(1): 34-46。

[2] 数据来源：陈祉妍等. 蓝皮书报告|2022年青少年心理健康状况调查报告 [EB/OL]. (2023-08-10). http://psy.china.com.cn/2023-08/10/content_42459520.htm。

功能,而是上学、社交、生活等社会功能。

压力型创伤综合征有着非常深的中国文化背景和当前社会环境的帮衬。国人的血缘亲情主要通过责任表现出来,对待家人的原则是责任原则优先。家庭中的每个人都有自己的责任,这种责任和利益密切相关。在中国的社会文化和法律制度下,无论是传统的"家庭本位",还是当代的"孩子本位",孩子都与家庭捆绑在一起,孩子的利益在一定程度上也是父母和家庭的利益。孩子的学习成绩就在常年的约定俗成中体现出巨大的利益。大多数家长都非常重视子女的学习成绩,只要孩子学习好了,家长或整个家庭的利益就得到了最大发挥。因此,家长在重视孩子学习成绩的过程中,就可能会忽视孩子自身其他方面的利益,比如心理建设和长期发展。

同时,在过度追求成绩的过程中,家长对孩子过高的期望容易引起教育上的急功近利和方法不当,不够尊重孩子的需要和想法,可能导致亲子关系的紧张和冲突。随着年龄的增长,青少年厌倦了所谓的"责任",更多萌发的是自我意识和权利意识,并以本能的方式,如消极怠工、拒绝、恳求、争论、哭闹甚至是自残或自杀等极端的方式反抗父母的管控,争取夺回被剥夺的权利,为此不惜付出一切代价。

更让人着急的是,当孩子出现这些状况,家长带着孩子去见精神科医生,医生有可能在有限时间的首诊评估之下做出"抑郁症""焦虑症""双相情感障碍"的判断,并开出以大剂量药物联合使用的处方。孩子吃药之后,出现严重副作用,情况不但没有改善,反而感觉加重了。家长更是困惑,觉得连中国最好的城市里的最好的精神科医生都无法解决我孩子的问题,那可怎么办呢?

这种草率诊断的情况并非个例,特别是针对这种特殊类型的创伤问题有很大的误诊率和漏诊率。误诊是指本来是压力创伤，却被诊断为其他病症，造成治疗不对症，疗效不明显，迁延不愈；漏诊是指本来是压力创伤，但没有被精神科医生检出，觉得孩子没有病理问题，造成情况越来越严重。

接下来让我们更加全面而具体地了解一下压力型创伤综合征（SITS）的特点，特别是在青少年及青年人群中展现出来的特点。

特点 1　广泛存在

SITS 目前普遍存在于各大城市的青少年和青年人群中。到底有多普遍，据笔者临床经验粗略估计有将近 10% 的发病率。这个 10% 的概念就是，如果一个高中班级有 50 位学生，那么大概有 5 位学生会出现显著的 SITS 症状，不断转学、休学甚至最终辍学。当然，这种情况不同体制下的学校里出现的比例不尽相同。

如果大家觉得单看"5"这个数字，好像也没有那么严重，但想想看，按照 10% 的比例乘以中国青少年的总数，就是数以万计或几十万计的青少年无法完成学业。如果 SITS 合并其他精神心理病症，如抑郁症、焦虑症、双相情感障碍，联合造成的辍学孩子就更多了，这样看下来就无法轻松地说"没什么大不了了"。

特点 2　高漏诊率和高误诊率

青少年时期是一个身心快速发展并面临多个成长议题的重要阶段，是精神心理问题最多发的人群。遗传因素、"鸡娃"教育、家暴、校园欺凌等复杂因素严重影响青少年的心理成长过程，造成各种各样的精神心理问题。如此高发的精神心理问题却只有很少的一部分青少年得到诊断或治疗。就算有机会去就诊，SITS 被漏诊或误诊的概率也非常高。笔者分析可能和以下因素有关：

家长缺乏精神心理常识　请原谅笔者用"缺乏常识"这样严重的说法来描述家长对精神心理知识的缺乏，为的是劝诫家长，学习精神心理知识多么重要。

青少年一般会在 13—15 岁出现精神心理症状，这个年龄的青少年逐渐呈现出越来越强烈的自我意识和自主意识。自我意识是指"我是谁"以及关于自我的一切。自主意识是指"我要做什么"，而不是"别人要我做什么"；我的意见是什么，如何实施我自己的想法，而不是别人的意见是什么，如何执行他人的想法。青少年在自我意识和自主意识的驱动下，不再像早年还是小孩子的时候显得那么听话、乖巧，对父母言听计从、百依百顺，也不再接受父母的哄骗、打压。之前父母一贯觉得好用的方法好像忽然有一天都不好用了。孩子会出现与父母强烈的冲突、对抗甚至对打，很多家长会在这时感到孩子难以管教、束手无策，孩子突然之间像换了一个人。

很多父母会把孩子的这种行为解读为"青春期叛逆"，认为这种情况会随着年龄的增长自然消失。不可否认，确实会有很多孩子有一过性的青春期叛逆，那只不过是身体激素水平变化造成的不自主表现，过几年等激素水平稳定了就好了。但同时也需要认识到，恰恰就是在青春期这几年，家长认为的自然过渡常常是无法自然过渡，即孩子在青春期身体激素影响下的心理发展过程出现偏差，如果这种偏差没有得到及时引导和纠正，过几年不但没有消失和结束，反而形成了非常不良的情绪模式、认知模式和行为模式。这就需要家长在发现孩子有较大变化时应有所警惕，学习了解一些精神心理问题的症状和表现,发现情况不对时,及时向专业人员求助进行评估,早发现,早干预。如果是家长和孩子沟通的问题,就及时学习沟通方法和技巧,调整养育孩子的方式,让孩子重新获得一个温暖的家庭环境和良好的亲子关系,使情况不再恶化和持续,助力孩子顺利度过青春期。

病耻感 当下仍有不少人对精神心理问题讳莫如深,有普遍存在的严重病耻感。病耻感就是认为精神心理病症是让人很羞耻的事情,是难以启齿的事情,是不得示人的事情,是让人知道了会很麻烦、很复杂、很丢人的事情。因此,就算家长意识到孩子可能有这方面的问题,也会百般掩饰,回避求助专业人士,好像去见了精神科医生就是得了精神病,会成为邻里街坊的笑柄和谈资,好像去见了心理咨询师就是心理有问题,会被人嘲笑和鄙视。

北京大学第六医院黄悦勤教授在中华医学会第十五次全国精神医学学术会议上披露,我国精神障碍患者的咨询率为 15.29%、治疗率为 13.55%。可见目前仅有少数精神心理患者愿意求助,而真正将意愿付诸行动的更少,在付诸行动求助的患者中能得到真正优质治疗的自然更为稀少。不难想见,那些陷入精神心理痛苦的青少年们最终只有少数人能得到有效的救治,更多的孩子还继续在精神心理问题的水深火热中挣扎痛苦。

精神心理资源有限 看病难、就医难是我国目前就医环境的现状,看精神心理的病就更难。儿童精神科医生和青少年心理咨询师是最稀缺的资源。精神科医生本身就是稀缺资源,儿童精神科医生就更加稀缺。准确判断儿童及青少年到底是抑郁了还是受伤了就更加需要专业知识和临床经验。心理咨询师的培训体系目前倾向于是基础知识体系的培训,但如果涉及具体人群、具体病症,咨询师还需要经过多年系统深入的学习、临床实践和督导,才能成为有经验的青少年心理咨询师。鉴于青少年人群问题的棘手程度,很多咨询师对青少年都是望而却步,心有余而力不足。

据笔者个人了解,目前在全国,有经验的儿童(18岁之前)精神科医生和青少年(12—18岁)心理咨询师在主要城市(如北上广深,或精神科医院发展较好的城市如成都、长沙等)还有一些资源,但在其他城市,资源极为有限。

精神心理的治疗体系不完善　说到治疗体系,就不得不提到公立体系和私立体系。两者之间的医疗体制和诊疗流程有着巨大差别。

公立医院给人最直观的感受就是人太多,队太长,等太久;挂号、缴费、问诊、拿药,一次就医一般要折腾大半天时间,优质资源更是一号难求。然而精神心理疾病与其他类型疾病相比,诊断的难度更大,需要的时间更长,几乎没有仪器能够辅助检查,一般需要较长时间与患者沟通、互动,通过访谈、量表和医生经验来综合评估。但实际情况是由于病患数量多,医生只能缩短访谈时间,在有限的时间内给出诊断结论,就有可能降低了精神类疾病诊断的准确率而造成误诊或漏诊。

在我国最好的私立体系医院,精神科医生如果受过系统的精神科诊疗培训,且有一定的海外学习经历,又在体制允许下可以进行充分诊疗,那么诊疗流程就会人性化很多。首诊可以有45—90分钟时间,有利于医生充分了解病情,做出较准确的分析判断、评估诊断和鉴别诊断,给出合适的治疗方法。但不得不说,相对来说,尚未建立起完整且完善的多学科诊疗模式(MDT),即精神科、全科、心理科、护理、营养等学科的联合诊疗模式,甚至最基本的精神科医生和心理咨询师的即时有效联动都无法保证。

精神心理问题不是单一问题,而是多学科多维度问题,需要全息诊疗理念。由此可见,不管是精神科诊疗流程还是心理咨询治疗的监管都有很大的提升空间。

以上几个方面就是高漏诊率和高误诊率的相关因素,且这些因素在目前体制下估计很难在短时间内改变。

特点3　多重因素影响

生物生态学理论认为,青少年的压力型创伤综合征绝不是单一因素造成的,而是家庭、学校、社会和青少年本身的人格特质共同促成的,接下来我们就分别从这四个方面来阐释。

家庭环境　家庭作为孩子成长的第一环境直接影响孩子的心理成长过程。青少年心理健康问题与缺少亲子互动、家庭功能障碍高度相关。存在家庭功能障碍的家庭内部可能会存在冲突、暴力、凝聚力差的情况,孩子的生活满意度更低,也更容易出现抑郁或创伤问题。家庭人员结构、家庭经济水平、父母的教养理念等都会有影响。

以下描述几种父母的教养方式带出孩子怎样的特点,这些特点是通过多年的心理学严谨观察和分析得出来的具有相当共识性的结论,供大家参考。

> 管控过严的父母容易让孩子形成压抑的情绪模式,进而容易抑郁或情绪暴躁。
> 溺爱孩子的父母容易让孩子情绪不稳定,心理承受力和耐受度都很低,责任感也会低。
> 忽视孩子的父母容易让孩子变得麻木、冷酷。

拒绝孩子的父母容易让孩子粗暴、无情。

过度保护的父母容易让孩子过度渴望甚至讨好他人,或者孤僻离群。

简单粗暴的父母容易让孩子冷酷、自卑、退缩和盲从。

虐待孩子的父母会让孩子形成神经质、孤僻或反社会倾向。

在这里特别澄清一点,就是教养孩子真的是一门非常大的学问,无法明确说哪一种方法就是最正确的、最完美的,因为没有完美的教养方式,只有在当前阶段最合适自己孩子的方式,就是要按照孩子不同年龄段、不同心理发展阶段的特点进行教育。

很多教育理论严重忽视了孩子在不同的心理发展阶段有不同的主要矛盾这一特点,一概而论地认为这样对、那样不对,或这样做好、那样做就不好。这种一概而论的观点都失之偏颇,因为没有什么道理和理论是对所有孩子的所有阶段都适用的。

基于以上前提,我们来具体阐述前面说到的几种教养方式带来影响的逻辑。

管控过严其实是剥夺了孩子的自主权和掌控权,什么事情都由父母做主,孩子只要有一点不符合父母要求的地方,就马上厉令其更正。这种做法不但破坏了孩子的自主性和自主权,使他无法建立掌控感进而激发内驱力,也会形成孩子压抑的性格,造成抑郁,如果压抑太久,还会有时不时爆发的可能,变得情绪暴躁。

溺爱孩子包括两方面表现,一方面父母会尽全力满足孩子的所有要求,这就造成孩子在延迟满足上无法耐受,只要有一点不满意的地方,就容易情绪失控崩溃;另一方面父母过分容忍孩子的过界行为,孩子就会觉得怎么要赖都行,不需要承担后果,所有后果都由父母来代替承担，这样就无法养成孩子的责任感，觉得"都不是我的责任""我父母会搞定的"。

忽视孩子是指在孩子有需要的时候无法或不能提供满足其需求的回应，致使孩子通过自我保护功能的开启逐渐关闭需求、关闭感受，也关闭了同理心，就会变得麻木而冷酷。

拒绝孩子的父母容易让孩子接收到"自己被否定"，或认为"自己不值得"的信息。请注意，我们这里说的拒绝不是一次两次的拒绝，而是长期的、反复的、持续的拒绝。这种拒绝会让孩子产生自我厌恶的感觉，而这种自我厌恶会带来反弹性反应，向外对这个社会进行攻击，变得粗暴、无情。

过度保护的父母会禁止孩子做很多事情，担心各种各样的风险和危险，造成孩子对被禁止的事物更加渴望，甚至不惜讨好他人得到与人互动的机会，得到他人的关注和友谊。但因为这种讨好的方式会让他人感到反感，所以他们的人际关系容易出现问题，有些人就会因此而退缩，变得孤僻离群。

简单粗暴的父母并未关注到孩子情绪感受的部分，孩子在这方面没有得到满足，就倾向于关闭感受，显得冷酷。又因为简单粗暴会让孩子接收到这样的信息，就是"我不值得""我不重要""我不好"等，因此变得自卑和退缩，也会在与人相处时讨好和盲从他人。

有些人认为，虐待这件事在中国发生得不多。这样的想法可能是因为认为虐待就仅仅是身体虐待，暴打孩子，但其实虐待不仅包括身体虐待，还包括语言虐待、情感虐待和性虐待等。虐待是严重的创伤冲击，对孩子的身心健康会造成极大的伤害，甚至形成反社会倾向，报复社会，或者朝另外一个方向发展，就是孤僻离群。

学校环境　学校是除家庭外对青少年影响最大的微系统。校园内的社交活动是青少年学习生涯里最有益也最具挑战的部分，师生关系和同伴关系是青少年在校的基本人际关系。青少年随着独立意识的增强，渴望和同伴以及老师建立良好的人际关系，良好的师生关系有助于增强青少年的自尊并缓解学习压力带来的焦虑情绪，同时也能激发他们的学习兴趣和提高学习成绩，进而提升他们的自信心和抗挫折能力。进入中学后，他们一方面渴望摆脱父母的控制，另一方面又很需要在学校里寻求新的人际关系，因此教师作为有知识的长者就成为青少年可靠并值得信赖的对象。良好的师生关系也能够有效缓冲负性生活事件所带来的不良影响，不和谐的师生关系不利于青少年的心理健康的发展。

有研究表明，同伴关系较差的青少年出现心理健康问题的风险更大，经历同伴孤立和拒绝的青少年容易产生焦虑、抑郁、孤独和恐惧等负面情绪，低质量的同伴关系是青少年心理问题的危险因素。当青少年在校园内感到自己很容易结交朋友且和朋友相处愉快、无矛盾时，他们对校园的归属感会增强，辍学发生的可能性减少，接受教育的时间延长，而遭受同伴欺凌的青少年可能面临更大的健康、行为和社会后果风险，包括心理健康症状、自残、自杀、自杀意念、攻击性、注意力问题等。所以校园内的人际和谐对青少年的心理健康发展有重要的积极作用。

社会环境　如前所述，我们所生活的时代带给孩子前所未有的竞争压力。从家长到学校，一味追求孩子在学业上的卓越表现，只为改变命运，提升生活。想要过上好生活的动机根深蒂固。可问题是，我们把所谓的"好生活"过于固化地认为就是高学历、好工作、高收入。事实证明，即便有了这三样，生活不一定更好，幸福感受度不一定更高。哈佛大学、耶鲁大学等相继推出关于"幸福"的课程，相关领域学者经过多年研究认为，大家通常以为的可以让人感受幸福的事物，诸如大房子、好车子、高薪水等，都未能如愿让人幸福起来，而真正让人幸福的反倒是一些跟人际关系、自我看待、生活方式有关的要素，比如运动、相爱的家人、有爱的人际关系、有意义的事情、内在积极的自我看待等。如果全社会可以更多了解这方面的信息，或许大家追求幸福的方式和思路就会不一样。

人格特质 青少年人格特质也对压力型创伤综合征有显著的影响。具体有哪些人格特质会容易发生压力型创伤综合征呢？笔者总结归纳为内向寡言、压抑克己、孤僻离群、兴趣寡淡、承受力和耐受度低这五点。

第一个特质"内向寡言"，是指在语言、行为和任何与人的互动方式上缺少向外的表达方式，就是我们平时所说的"不苟言笑""不善言辞""给人感觉闷闷的"。大家注意到这些描述里很多都和语言有关，因为语言表达是人类表达自己非常重要的方式。

语言可以表达具体的思想、想法，也可以表达抽象的认知，还有内在的情绪情感。

内向的性格、不善表达会造成很多情绪积压在心里，时间久了，就会造成情绪能量淤结，这种状态就成为抑郁症或创伤障碍发作的基础。

有些人生来内向，不善表达。小时候不会觉得这是什么大事，但不知不觉在很多事情上，都有这种情绪反应，却不能表达出来，久而久之就会造成情绪机能失调。

用语言表达情绪的过程涉及对情绪的觉察能力、识别能力、分辨能力、感知能力以及对情绪的语言表达能力。遗憾的是在中国文化中，传统的家庭教育不重视情绪的部分，不管是大人还是孩子，都不懂得表达情绪感受，要么什么都不说，要么就是爆发式表达，大喊大叫，毁物伤人，这是因为情绪累积到了爆发的程度。如果在平时就能通过语言表达有效排解这些情绪能量，也就不会到爆发的地步了。

第二个特质"压抑克己"，是指在生活场景中遇到一些人和事已经造成了内在的想法和感受，但刻意不表达出来，压在心里。

内向寡言是指不善表达，压抑克己是指在特定场景下已经生发了明显的情绪，却以克制、向内的方式处理情绪，强压情绪。

可想而知，这种压抑的性格特点更容易造成负面的情绪能量淤积。这种压抑克己的应对方式非常有害，相当于把一种呼之欲出的情绪强压回去一样，会造成内伤。遗憾的是抑郁者如果习惯性这样做，内伤都不觉得，就会渐渐变得麻木。表面看上去的麻木其实是内伤加重的过程，直到伤到成病的程度。

请注意，我们很容易有矫枉过正的倾向，就是说，当意识到压抑如此有害，那就会向反方向狂奔，变成肆意宣泄情绪，而这并不是处理情绪最理想的方式。情绪需要表达，且用合情合理合适的方式表达，才更健康。

第三个特质"孤僻离群"，是指不愿意、不擅长、不喜欢、不享受人与人之间的交流互动。这样的人总体给人不合群的感觉，他自己在人群中总是觉得怪怪的，总想找机会逃离人群，找到一个没人的地方，或只有最熟悉的人在身边，才觉得自在安心。

孤僻者有一个很大的特点，就是无法耐受与人在一起的尴尬感。很多孤僻者的口头禅是"这太尴尬了""要尴死了""我真受不了这种尴尬""简直尴尬癌了"，甚至他们在人群中无法开口讲话，即便讲话也只是只言片语。

人的社会属性决定了人需要彼此有互动,有情感交流,有心与心的触碰,并由此感受到一种情感的表达和接收,借以满足内心。如果因为各种原因不与人接触,觉得只有一个人最自在,看上去好像免去了很多与人接触的尴尬也好、障碍也罢,岂不知内心缺少了情感流动的滋养。

不排除有些人具有丰富的内心世界,即便不与人交流也可以保持丰富的情感流动,那想必也是有其他的情感表达方式,比如写作、歌唱、绘画、表演等,这些都是情感表达方式,只不过这些是单向情感表达,不太有情感互动,也就少了些互动带来的共鸣。

第四个特质是"兴趣寡淡"。兴趣爱好可以给人带来愉悦感。世界如此美好,总有一些事情可以激发内心的热情,带来活跃,带来动力,带来想做这件事的欲望。人在做事的过程中感到愉悦,在做完后感到满足。

但如果一个人没有什么兴趣爱好,接触了很多事物,包括各种乐器、各种运动、各种艺术表达形式,都感受不到兴趣被调动,感受不到愉悦和满足,这种兴趣寡少的状态常会让人感觉生活乏味、空洞,也会带来抑郁风险。

第五个特质是"承受力和耐受度低"。如果事情或关系没有达到期待的效果,心理落差是需要承受的,但有些人未必具备这样的心理承受力以及对不完美现实的耐受度。

基于以上描述,就可以理解创伤综合征并非单一因素促成,而是多因素造成。

第二章

压力型创伤综合征的症状表现

一、认知偏差 / 31

二、社会功能受损 / 36

三、共病 / 38

四、强烈失能感 / 49

五、亲子关系冲突造成的情绪爆发 / 50

六、亲子关系冲突造成的自杀倾向 / 52

七、躯体化障碍 / 54

八、自残 / 55

压力型创伤综合征的症状表现

根据笔者诊疗团队过去多年的临床观察,我国青少年的压力型创伤综合征有八大症状表现,分别是认知偏差、社会功能受损、强烈失能感、共病、亲子关系冲突导致的情绪不稳、亲子关系冲突导致的自杀倾向、躯体化症状和自残行为。本章将逐一详细介绍。

一、认 知 偏 差

认知偏差(cognitive deviation)是指人们因为自身的经验、情感、态度等因素在对待信息和事物的认知、理解和解释上产生偏差。也可以说认知偏差是人们在知觉自身、他人或外部环境时,常因自身或情境的原因使得知觉结果出现失真的现象。认知偏差是一种思维上的系统性错误,是个人知觉所具有的选择性特征所致。这些偏差可能导致人们对同一事物的感受和理解存在差异,从而导致行为上的差异。

对于罹患压力型创伤综合征的青少年来说,认知偏差可以体现在很多方面,包括对上学这件事的过度害怕、对父母不够理解自己的过度归咎、对自己面对困难的能力的过低估计、对他人善意的过度猜疑等。这些"过度"都在体现认知偏差,甚至这种偏差有渐渐固化的趋势。固化的意思就是这种观点被不断强化之后变得越来越不可动摇,任何人给出任何不一样的观点和看法都无法影响他对此的成见。糟糕的是这种成见严重限制了当事人的社会功能，严重阻碍了当事人尝试和体会新鲜事物的可能性，严重妨碍了当事人的身心发展。

1. 过度害怕

如果孩子在学校环境里发生了很严重的创伤事件，比如同学的严重欺凌、侮辱，老师的严重羞辱，或任何人带来的猥亵事件等，孩子因此无法继续上学，且任何人在他面前提到涉及学校的字眼都会给他带来严重的再刺激效应，那么孩子体现出来的害怕就不能算是过度，因为这种严重的创伤事件之后就是会有泛化的恐惧情绪，这种情绪的程度和受伤程度是相匹配的。但如果孩子在学校受到的伤害并非如此严重，只是一次考试失利、同学们嘲笑的话语、班主任老师一个严厉的眼神或是和同学之间的一次小矛盾，就从此无法再回去上学，甚至在家人或任何人再提到上学时就会产生强烈的情绪反应，这时，我们就需要判断这种情绪反应的程度和创伤场景下的受伤程度是否相符。如果不相符，就认为是过度反应。

当然，不得不说，这种评估并不容易，家长很难做到准确评估，而需要精神科医生或有经验的心理咨询师先对孩子主观表述的受伤场景、受伤细节、受伤程度进行评估，再对孩子在事后再听到和受伤场景或事件有关的信息时的反应进行评估，评估再次被刺激形式、再次被刺激程度，评估反应表现、反应程度、反应形式、反应时长和发作频率等要素。而且要看当医生、咨询师或家长向孩子提出是否有"反应过度"的可能性时，孩子的反应又是如何，即从理性认知上是否能接受自己反应过度。如果理性下可以意识到自己反应过度，说明认知尚未固化；如果再怎么理性都无法接受说自己反应过度的说法，说明认知有固化的倾向或嫌疑。

一旦认知固化就有泛化的倾向。这是因为固化的认知背后是越来越有主导性的神经通路，这种具有主导性的神经通路将在当事人经历哪怕只有一点点类似的处境时都会释放出强烈的电信号和化学信号，以至于当事人会不自觉按照针对受伤场景的认知去解读当前场景，以至于出现错配现象，即当前场景和受伤场景并不相同，因此应用受伤场景下的解读方式是不妥当的，是偏颇的，是会造成过度反应的。正如俗语所讲，"一朝被蛇咬，十年怕井绳"一样，对井绳的反应就属于受伤后的过度反应。

2. 过度归咎

孩子会因为自己在受伤场景下的失能归咎于父母，这虽不一定合理，但很自然，因为人在失败面前总是难以面对，倾向于找到一种外在因素来归咎，以此为自己开脱，让自己内心好过一点。成年人尚且会如此，更何况是孩子呢。

但话说回来，父母在孩子上学失能这件事上是不是完全无辜呢？恐怕一部分情况下不是的，因为很多父母会在孩子已经承受了很大的学习压力之下，继续加压加码，好像对孩子已经承受的压力熟视无睹，对孩子已经逐渐无法耐受压力的状态毫无觉察，好像把孩子当成了学习的工具，以为孩子永不疲惫，也不该疲惫，最终将孩子置于一触即发的不耐受状态，以至于一点小事就成了压垮他的最后一根稻草。

正是因为这种错综复杂、说不清楚到底该怪谁的情况，让孩子和家长之间针对上学失能这件事争论不休,孩子怪父母不懂理解,父母怪孩子承受力太弱。

这里所说的"过度归咎"是指孩子会把完全的责任归给父母,尤其是父母想要推卸责任时,孩子就更加无法意识到自己的责任,更是想要把完全的责任怪在父母头上,逐渐强化偏差的认知。他们潜意识的想法可能是:"他们怎么就不认账呢""既然不认账,那就全怪他们头上""越是不认账,越是要怪他们,不然他们无法认识到自己的错误""越是怪他们头上,越是觉得自己有理,且无罪"。

在过度归咎父母的认知偏差中,孩子逐渐失去了客观、理性认识上学失能问题的能力,且不但在这件事上失去能力,也会有将这种认知偏差泛化应用在和父母相关的其他事情上,甚至逐渐发展为在和父母不相关的事情上都失去客观理性。

3. 过度低估

在受伤之后,孩子过度低估自己的能力,也是一种认知偏差。这种认知偏差是基于对主体角色认知失调之后的负面自我看待,觉得"我连书都读不好,还能干什么呢""我连学都上不了,其他的事情也不行的""我干什么都干不成""我简直就是一个废人"。

这种过度低估其实在一些事情上已经显示出与事实不符,但当事人并不觉察。比如在家玩网络游戏玩得蛮好的,甚至在有些游戏中已经进入全国排名,一般组队打游戏时都是组织者、领导者、带领者;或者在一些兴趣爱好中也体现出特长甚至天分,画画很有感觉,一出手就是杰作,没有经过多少专业训练就可以画出超越艺术老师的画作;或者很有音乐特长,只是在每次练习钢琴之前都有为难情绪,觉得自己练不好,不愿意面对练钢琴的困难;或者在厨艺方面能快速掌握,烘焙的饼干也是好吃得不得了;又或者在学习化妆方面也是有独特的风格,很快就可以独立完成妆容。

这些事情上的突出表现在当事人看来并非能力,也非特长,而是"不务正业""专搞偏门""没有发展前景""只会玩"。这些认识上的偏差或许和从小的家庭教育有关,家长可能无意中给孩子灌输了一种理念,就是"唯有读书高""其他都是旁门左道不务正业""其他技能都无法带来好生活"。

这种对自己的过度低估如果不纠正,将影响孩子余生的心态。

4. 过度猜疑

孩子在家里、在学校被如何对待将形成他对自己、对他人的主要看法。如果在家里,孩子感觉被父母看待的心态就是否定的、消极的、不接纳的,那么孩子就大概率会形成对自己的负面看待;如果孩子在学校被老师和同学看成是眼中钉、是被嫌弃的、是欺负的对象、是歧视的对象,那么孩子就会认为别人都会这样看待他,就算从来没见过的陌生人,也会用这种眼光看待他。基于这种心态,每次与人互动,就会倾向于过度解读他人的所言所行,觉得对方很多言行都是针对自己,都是在对自己表达负面的想法和情绪,这就是过度猜疑他人。这种猜疑很自然会阻碍孩子与他人的交往,很难建立对他人的信任,也很难向他人敞开自己。

以上四个"过度"只是针对青少年受伤后出现的认知偏差的

冰山一角。每个孩子都因个人成长环境和经历的不同而有不同表现，但可以确定的是都有认知偏差的问题。这种认知偏差如果不及时干预、引导和纠正，恐怕就会慢慢固化，进而成为成年后形成人格障碍的基础。

二、社会功能受损

社会功能是指一个人在正常生活、学习、工作、交往等各方面体现出来的能力和功能状态，如果基本社会功能受损，这些功能的发挥就会受到影响。社会功能受损（compromised social function）可以在各种场景和关系中表现为社交障碍、分离焦虑、情绪不稳、喜怒无常、顽固、拖延、拒绝等。

对于罹患压力型创伤综合征的青少年来说，最典型的社会功能受损就是无法按时按量上学，要么上三天休三天，要么上一周休一周，要么上几个月休几个月，要么就干脆无法上学，只能在补习机构小班上课，甚至无法小班上课，只能一对一上课。如果连一对一上课都做不到，就只能在家里相对安全熟悉的环境下上网课。如果在家上网课也因为对课程的难度望而却步，就会完全拒绝上课。

除了无法上课上学以外，还可能无法出门、无法见人，甚至无法走出自己的房间，白天黑夜都待在自己的房间里，谁都不见，跟父母也无法交流，这就到了很严重的程度。

社会功能受损是青少年罹患压力型创伤综合征最明显的表现，也是家长和社会最关注的症状，毕竟社会对青少年的期待很明确，就是要完成学业。家长对青少年的期待可能更高，不但要完成学业,而且要完成得很好,考上好大学,获得好工作。可当孩子出现状况,无法继续上学,整个家庭都慌了,无法接受孩子辍学的事实。在这种心急的状态下,几乎没有几个家长可以很淡定、很科学、很有效地处理孩子的辍学情况,几乎都会弄巧成拙,让孩子更不想去上学。

逢年过节期间,家族聚会聚餐,家长就会期待孩子出席,可是一旦辍学的孩子出席这种场合,就几乎毫无例外地被亲戚问及上学的事情,对方还会不请自来地给一大堆建议。这些建议不但不能进入孩子的内心,甚至可能适得其反,让孩子觉得很不被理解,又因为中国家庭的传统观念,不能和长辈顶嘴,孩子就只能默默听着这些根本不适用的建议,默默忍受着这些对他的偏见和质疑,还有话里话外的评判和审问。

孩子本来在辍学之后就已经很痛苦自责,无法面对自己,而这些家庭聚会很可能加重孩子的负面自我看待,因而孩子就不再想参加这样的聚会了,下次父母再邀请,孩子根本不想回应,也不想去。家长就认为,这孩子的病情加重了,连和亲戚吃饭都做不到了。岂不知这种情况并非完全是孩子的责任,长辈们的那些不懂得孩子内心且对孩子有心无心的评判也在促成孩子的社会功能受损。

这是人的自然反应,无可厚非,只是家长如果不懂得这些,还要强制孩子面对这些问长问短的长辈,对孩子来说就是雪上加霜。这种雪上加霜就是加重孩子病情的重要形式。如果在不解释的情况下,对家长说他们是维持和加重孩子病情的帮凶,家长们一定不认同。但如果说,家长在不知情的情况下,常常以孩子不能理解、不能接受、不能认同、不能受用的方式刺激他们、施压给他们、戳他们的痛点,以至于加重病情,这样的说法或许更可以让家长懂得"不要做孩子病症的帮凶"这句话。

如果学不能上,家族聚餐也不能参加,那么和同辈伙伴朋友的出游总可以吧?

抱歉,恐怕失学的孩子面对之前在上学时的同学也有困难,因为上学的孩子们谈论的都是和上学相关的话题,"最近作业太多了,写都写不完""班主任最近脾气太大了,动不动就要骂人""最近××穿了一件超贵的衣服,据说是她父母给她的生日礼物""××家里举行了生日派对,没邀请我""你们什么时候考托福啊,下学期要申请大学了"。

这些话题对辍学在家的孩子来说,几乎搭不上话,就会觉得格格不入。就算上学的孩子能体谅不上学的孩子,不讲这些话题,而是去关心不上学的孩子,可能问话的方式也不一定能被不上学且渐渐变得神经敏感的孩子接受,比如"你到底得了什么病啊""我听说抑郁症就是想太多了,你是不是想太多了啊""其实我也挺想像你一样不上学,在家玩游戏多爽啊""抑郁症是不是脑子有问题啊""你什么时候回学校啊"。

可以想象,有哪个孩子在自己处在无法上学的状态下,还愿意赔笑脸来回复这些问题。就算是长辈,就算是亲人,孩子们恐怕也不愿面对和回应,因为他们自己还没想清楚这些问题,也暂时无力去想,每次想的时候都会自动出现一种对自己的负面看待,进而造成情绪低落,就很自然会想要回避或逃避。

三、共　　病

共病(comorbidity)是指多个独立的精神障碍共存在同一位

患者身上的情况，这些不同的诊断涉及患者的全部症状、体征和病程。共病诊断对改变诊断和治疗脱节的现状、为合并用药及使用具有针对性的心理疗法提供理论根据有一定意义，因为对于许多病例仅下一个诊断不能解释所有的精神病理现象，通过认识到存在一种以上的障碍，临床将能提供更全面的治疗。

对于罹患 SITS 的青少年，他们可能同时患有其他精神心理病症，包括抑郁症、焦虑症、惊恐发作、网络成瘾等。可以想象，一个长期待在家里不出门的孩子，受到环境空间的限制和影响，想到自己无法完成学业的挫败感，持续受到父母不理解的攻击和谩骂，很难不生发出其他问题。一旦出现共病问题，治疗难度就会大大增加。

1. 共病抑郁症

很多罹患 SITS 的青少年被带到精神科医生那里就诊，十有八九会被诊断为抑郁症，这是为什么呢？笔者分析可能有如下原因。

原因1　就诊时间短造成误诊

精神心理病症的评估与诊断涉及详细了解过去史、现病史、家族史、就诊史、诊断史、鉴别诊断史、用药史以及跟踪治疗反馈的整体过程，每个环节都有重要意义，缺一不可，任何环节的缺失都有可能造成误诊。这一整套流程下来估计要一小时到一个半小时才能完成，以期达到较准确的初步诊断。但现实情况是，精神科医生在十分钟左右的时间里简单了解病史，甚至使用具有暗示性、导向性的提问诱使患者以肯定回答作为回应，使得医生把先入为主的判断确认下来，这种做法严重违反临床评估诊疗规则,也会造成较高的误诊率。

原因2　医生对创伤类病症认识不够

精神科医生在受训过程中,会接受几乎所有精神心理病症的病症知识、问诊要点、临床诊疗的培训。但在完成培训,并在临床行医一段时间后,就会趋向于选择一种或两种特定类型的病症进行深入学习、研究、实践、深耕,以期在这类或这几类病症中获得更加深入的知识和技能。这就决定了一位精神科医生可能只对特定几种病症有深入研究和经验,而对其他病症的研究和经验都是相对不足的。目前,专门研究创伤的精神科医生少之又少,这就造成在临床上,很多孩子明明是创伤类问题,医生对创伤问题不够了解,而对抑郁症了解较多,就会误诊孩子为抑郁症。

原因3　医生对抑郁症认识不够

如果医生真的对抑郁症足够了解,也可以有效避免误诊。就怕医生自以为对抑郁症了解,但其实也不够真正了解的时候,就会看什么都像抑郁症,甚至对抑郁症的典型症状要素都不把关,就会草率诊断抑郁症。

举例来说,医生会在临床上使用诱导性问题询问,"最近心情经常不好吗",患者说"是的",医生据此就会把情绪低落这个症状打钩,确认患者有这个症状,但实际上,这样一个简单的对话能否确认孩子有临床上认定的情绪低落症状?恐怕不能,因为具有临床意义的情绪低落是指持续存在2周以上的对正常生活有影响的情绪机能紊乱,且无法通过简单的自我调节方式改变或缓解,并有持续加重的迹象。这些才是具有临床意义的情绪低落。如果医生不去更多了解症状要素,如持续时间、严重程度、功能受损程度、缓解方式和发展趋势等,就会草率认定,造成误诊。再比如,当医生了解到孩子有自残行为时,如果没有意识到自残行为并非抑郁症的典型行为,而是有创伤或人格问题可能性的话,同样会造成对鉴别诊断症状的忽略,进而造成误诊。

原因 4 首诊诊断先入为主

首诊诊断先入为主的意思是,一个孩子一旦在精神科被医生首诊确诊为某种病症,那么后续医生,至少在同一所医院的医生,很少会推翻首诊诊断,因为推翻诊断既要花费很多时间提供充足证据,又要面对推翻首诊诊断对首诊医生的影响和彼此的关系,这就造成了很多孩子一旦被误诊就被误诊到底的情况。

除非孩子家长对诊断有严重的不认可,特别找到其他医院或机构的医生,专门针对某种另外的诊断进行评估,才有可能推翻首诊诊断,消除误诊。

原因 5 SITS 尚未被广泛认可

SITS 尚未被广泛认可,只是笔者团队经过过去多年的临床观察、收集病例信息、尝试性治疗后整理出来的新型诊断类型。鉴于创伤类问题可以更好解释当前我国青少年和青年所面临的现状,SITS 的诊断标准及治疗方式还有很大的发展空间。

原因 6 共病抑郁症

创伤类问题和抑郁症是否可以同时存在?答案是肯定的,因为创伤问题和情绪问题是不同轴系的问题,可以同时诊断。

如果压力型创伤综合征共病抑郁症,那就更容易只诊断出抑郁症,而忽略创伤问题。

基于以上对 SITS 被误诊为抑郁症的可能原因的阐述，我们来分辨抑郁症和 SITS 有哪些鉴别点。

鉴别点 1　情绪

抑郁者的情绪普遍低落，几乎没有什么事情可以调动积极情绪；创伤者在不触碰创伤事件、创伤场景或与创伤有关的任何因素时，情绪状态可以平稳甚至愉悦。

鉴别点 2　兴趣

抑郁者的兴趣明显减退甚至消失，就连平时很喜欢的事物都可以丧失兴趣；创伤者在不触碰创伤事件、创伤场景或与创伤有关的任何因素时，仍然可以享受很多兴趣爱好，享受吃喝玩乐。

鉴别点 3　睡眠

抑郁者常有睡眠问题，有入睡困难和早醒等特点；创伤者在不触碰创伤事件、创伤场景或与创伤有关的任何因素时，仍然可以享受好的睡眠，不太受影响。

鉴别点 4　饮食

抑郁者常有食欲不佳，就算之前是个"吃货"，现在对任何食物都不感兴趣；创伤者在不触碰创伤事件、创伤场景或与创伤有关的任何因素时，食欲基本不受影响。

鉴别点 5　社会功能

抑郁者可以勉强保持基本功能状态，但好似机械运转，毫无生气，也可能无法保持功能状态，无法上学或上班；创伤者只是在和创伤事件有关的场景下无法行使功能,而在其他场景下,功能可以不受影响。

鉴别点 6　神经机制

抑郁者在病情严重时,有明显的神经化学变化,特定神经递质浓度明显异常,因此药物治疗对其有效;创伤者未必有神经化学层面的变化,只是在涉及创伤场景时,才会有急性焦虑发作的表现,因此针对失能感的药物治疗几乎无效。

鉴别点 7　躯体症状

抑郁者可以在常态下出现各种躯体症状,如肌肉疼痛、腹痛、腹泻、胃肠道不适感等;创伤者只有在涉及创伤场景时,才会出现相应的躯体症状,比如因创伤休学的孩子,家长一提回校、返校、复学,孩子就开始出现各种身体不适。

鉴别点 8　自杀模式

抑郁者病情严重时,常有自杀想法,甚至有自杀行为;创伤者只有在涉及创伤场景时,才会有自杀冲动,比如因创伤休学的孩子,家长强逼孩子复学时,孩子可能会出现自残行为或自杀冲动。

2. 共病焦虑障碍

SITS 是否可以共病焦虑障碍呢?答案是肯定的。

如果没有共病焦虑,孩子只是有 SITS 的话,平时不会有明显的焦虑表现,只是在面对父母的催逼、复学时间的临近、还在上学的同学伙伴之间的互动以及自己面对困难时才会短时间表现出焦虑反应，具体表现为胸闷、心慌、气躁、入睡困难、口干嗓子痒、头痛、头晕、抠手、咬指甲等。这些反应如果只是短时间出现，等刺激因素消失，症状也随之消失，那么这只能称为焦虑反应，还不能称之为焦虑障碍。

焦虑障碍是指长时间（六个月以上）存在的、对广泛内容或不确定内容产生持续的焦虑反应，对生活功能造成明确影响。

罹患 SITS 的孩子可能长时间处在焦虑状态，担心的事物对象可能是上学这件事，也可能是学习学不会；可能是同学关系、父母对他的看法、自己的未来，也可能是莫名其妙的担心，具体担心什么也说不出来。在这种广泛担心之下出现躯体焦虑反应，且持续超过六个月以上，就可以诊断焦虑症。

这时需要对 SITS 和焦虑障碍进行鉴别诊断。具体鉴别点有如下四点。

鉴别点 1　发作原因

SITS 的发作原因是长期压力基础上的小创伤事件结合自身人格特质里应外合造成的场景失能感，失能感可逐渐泛化到其他领域，造成全面失能；焦虑症的发作原因是基因遗传、环境压力和自身人格特质等综合因素造成的焦虑状态。

鉴别点 2　症状表现

SITS 的症状表现主要体现为未泛化失能之前仅出现在创伤场景下的失能感，以及和创伤场景相关的情绪反应；焦虑症是长期存在、时时存在的心理焦虑和躯体焦虑反应。

鉴别点 3　缓解方式

SITS 的失能感在未泛化之前，只要没有创伤场景相关的刺激，就基本不会有症状表现，所以缓解方式就是不触碰创伤场景；焦虑症的缓解方式是在场景或任务中体验到掌控感。

鉴别点 4　功能受损

SITS 在失能感未泛化之前，功能受损仅体现在创伤场景；焦虑症的功能受损是在各方面均有体现。

以上四点可帮助鉴别 SITS 和焦虑障碍，但如果两者同时存在，即共病时则两种病症的症状表现会同时存在。

3. 共病恐惧症

SITS 同样可以共病恐惧症。恐惧症是指对明确具体的场景产生强烈的、与场景不符的恐惧反应，具体包括心慌、呼吸困难、手抖、出汗、如鲠在喉、身体僵硬甚至无法走动，有些人可能还有会濒死感。

恐惧症和惊恐发作的表现很像，但两者的重要区别在于恐惧症具有明确的恐惧对象，惊恐发作通常没有明确的对象和原因，发作之后都不知道为何而发作。

对于罹患 SITS 的青少年来说，恐惧的对象可以是非常明确的。大多数孩子恐惧的对象就是上学这个行为，学校的具体场地，学习这件事本身，考试，特定的同学、特定的老师、父母或其中一位。这些恐惧的对象不管是人是物，都可以使孩子立时发生恐惧反应，且反应程度与通常人所认为的该有的反应相差很大，故而会造成旁人误解，说"这有什么大不了的，至于吗""你怎么反应这么大""不就是写作业吗,至于你这么害怕吗""不就是上学吗,又没人吃了你""不就是考试吗,考得好不好没关系,你不用这样""不就是运动会吗,你又不是运动员要上场,你就是观众,这都不行吗""就是去和老师聊聊,看看有哪些地方可以改进,你怎么这么大发应"。对于这些家长不能理解的场景,孩子的内心独白可能是"你根本不知道我经历了什么""这对你来说无所谓,因为你不是我""我跟你说了你也不懂""如果你哪怕能懂一点点,都不会这样问我""妈,其实你才是我最恐惧的人"。

孩子因为恐惧,有明显的退缩倾向;因为恐惧,出现躯体化反应;因为恐惧,不敢说出来;因为恐惧,形成恶性循环。

恐惧可以是创伤反应的一部分,也可以独立存在。当恐惧发生在没有创伤经历的前提下时,这种恐惧反应不一定具备创伤事件,也不一定有创伤的其他症状表现,单单是对恐惧对象的过度反应以及相应的回避倾向。

4. 共病网络成瘾

很多青少年罹患 SITS 后,休学在家,无法上学,很自然就会花很多时间玩网络游戏。如果真的对游戏感兴趣,玩得越来越兴奋,时间越来越长,就会变成生活的主导模式,早晨一起床就开始玩,一玩就是一天,到了晚上也不睡觉,继续玩到后半夜。

当玩游戏成为主导模式,孩子不惜一切代价去玩,发现身体因为玩游戏过度受损也不罢手,且在因为各种原因无法玩游戏时,会出现强烈的不适感,即戒断反应,这就要严重怀疑是不是游戏上瘾。

上瘾的三大特点是失控、耐受和戒断。失控就是指游戏成为生活的主要内容,其他重要的责任和任务都抛在脑后;耐受就是玩游戏的时间越来越长；戒断就是任何原因造成不能玩游戏都会带来强烈的不适感，包括发脾气、注意力不集中、倦怠、失眠等。

一旦共病网络成瘾，问题就变得错综复杂，家长也不知道孩子到底是因为辍学才网络成瘾，还是因为网络成瘾才辍学或一直无法复学。再加上创伤问题，就更难处理。

但好消息是，很多时候，孩子的游戏沉迷看似是成瘾，但其实是假性成瘾。"假性成瘾"是指并未从病理上具有成瘾特点，但在外在表现上好像是成瘾了。真假游戏成瘾的具体相似点如下。

相似点1　长时间玩游戏

真假游戏成瘾都可以表现为长时间玩游戏，一天玩十小时以上。早上起来就开始玩，白天或吃饭或外出，回家就继续玩，晚上玩到后半夜才睡觉。看上去好像游戏真的成了生活的主导模式。

相似点2　玩物丧志

因为长时间玩游戏，所以已经无法承担任何责任和义务，无法上学或上班，无法关注他人，无法出门做事情，也没有兴趣做任何其他事。

相似点3　不顾及后果

即便因为长时间玩游戏，睡觉节律紊乱，饮食不规律，身体已经出现明显不适感，如身体疼痛、胃肠不适、疲乏无力、头痛头晕等，也不愿意停止游戏。

尽管通过以上几点可以看出真假游戏成瘾在表现上很类似，但进一步分析可以发现两者在机制上并不相同，真假游戏成瘾的鉴别点具体如下。

鉴别点 1　动机原因

真性成瘾者玩游戏大多数是因为对游戏本身的喜爱，当然也因为游戏中的体验感很好，这是主要因素。假性成瘾者玩游戏是因为无聊打发时间，不想面对现实压力，情绪不好缓解情绪等非游戏本身的因素。

鉴别点 2　渴求程度

真性成瘾者渴求度很高，不玩游戏真的受不了，好像着了魔一样。假性成瘾者对游戏没有那么大的渴求度，觉得可有可无，甚至如果有更有意义的事情做，又可以做起来，是完全可以立马放下游戏的。

鉴别点 3　失控性

真性成瘾者具有失控性，这种失控性具体体现在理性留存的方面，意思是真性成瘾者真的会失去理性玩游戏，不惜一切代价玩游戏，甚至付出沉重的时间代价、金钱代价、身体损耗代价、亲情的代价、美好前途的代价等都在所不惜。假性成瘾者并没有那么失控，还是会用自己的理性判断，哪些代价可以付，哪些代价不愿意付，比如身体代价在他看来无所谓，损伤就损伤吧，活都不想活了，还管什么身体呢，但不一定会花太多钱在游戏上，觉得家里没什么钱，自己也没赚钱，花这么多钱在游戏上没道理。

鉴别点 4　戒断反应

真性成瘾者一旦因为任何原因无法玩游戏，过不了多久就会出现戒断反应,具体包括困倦、疲乏、易激惹、注意力不集中、兴趣寡淡、坐立不安、百无聊赖,甚至失眠、暴躁、摔东西等。假性成瘾者即便不玩游戏,也不见得有什么戒断反应,好像很平静,只是更加无聊、低落、沉默。

鉴别点5 耐受性

真性成瘾者在玩游戏的时间花费上可能越来越多。之前是每天玩三小时,后来是每天五小时,现在是每天将近十小时,这就是耐受性。如果不玩得更多,就不够爽。假性成瘾者没有这种逐渐增加游戏时间的明显趋势,有时间就玩得多一点,没时间就玩得少一点,并没有必须玩且越玩越多的强烈需求。

鉴别点6 伴随情绪

真性成瘾者伴随的情绪是玩游戏时热火朝天、激情四射,不玩游戏时一切都显得无聊没有意义。假性成瘾者是不管玩游戏还是不玩游戏,都好像失去了斗志、失去了志向、失去了热情,并不会因为玩游戏就有了热情和兴趣。

鉴别点7 期待效果

真性成瘾者对玩游戏抱着今生就以此为生的打算,或者玩够就死也无所谓的态度,觉得游戏就是人生的全部意义,其他事情都黯然失色。假性成瘾者对游戏的态度是打发时间的一种方式而已。

四、强烈失能感

失能感(disempowerment)可谓是 SITS 的最典型症状,尤其是在受伤场域的失能感，意即在哪里受伤就在哪里倒下躺平，只要提到跟这个受伤场景相关的话题，立马会有恐惧的情绪反应、躯体化反应，甚至和父母爆发严重的冲突。

如果是在学校场景受伤，就算几经努力想要回到学校，都会在回到校门口那一刻出现状况，心跳加速、呼吸困难、如鲠在喉、两腿发软，就是无法走进校门。感觉自己在上学这件事上仿佛完全丧失了能力，丧失了动力，丧失了勇气，丧失了自我。

这种失能感就像小孩子学游泳，如果发生过一次溺水，面对有生命危险的状况，产生了极度的恐惧，那么孩子很可能从此之后就再也不敢下水了，甚至一见到或一想到游泳池都会发生强烈的恐惧反应，连提都不能提。

如果只是游泳这一件事不能做，好像还好，毕竟除了游泳，还有其他很多运动项目可以尝试。但如果孩子作为学生无法上学，那问题就变得不一样了。学生这个主题角色失调之后，孩子会倾向于发生泛化的失能感，即上学方面强烈的失能感在其他领域也带来类似效果，"既然我上学都上不了，那我做家务也该不行吧""既然我上学不行，那我打工也不行""既然我连上学都上不了，我学其他技术也不行""我连上学都上不了，我真废"。这就是因为一个主体领域的失能，造成其他领域的泛化失能。

五、 亲子关系冲突造成的情绪爆发

看到孩子无法上学，相信没有哪个家长可以完全淡定处之。毕竟学习这件事在中国文化传统里已经根深蒂固被认为是必选项，而且还有些约定俗成的理念，如"书中自有颜如玉，书中自有黄金屋""读书改变命运""再苦不能苦了孩子的教育""没文化真可怕""不读书就没有前途",就更让学习这件事变得必不可少,不可或缺,一般人普遍觉得"一个孩子怎么能不上学呢""不上学的孩子要么没有钱,要么没有家长管,要么不务正业""哪有什么病可以让孩子不上学呢""不上学纯粹矫情""花钱给你上学你还不上,我当年小时候都没钱上学呢""不上学的孩子就是欠揍"。

文化传承和生活理念决定了读书是每个孩子的必经之路。高考这座"独木桥"不可避免地衍生资源竞争,哪里是最好的幼儿园,哪里是最好的小学,哪里是最好的初中,哪里是最好的高中,哪里是最好的大学,哪个学校的外教师资好,哪个学区的升学率高,哪个地区的高考录取分数线低,这些问题成了大家茶余饭后最常涉及的谈资,好像如果哪位家长没有考虑这些问题就是对孩子教育的不负责任,没有竭尽全力让孩子得到最好的教育资源就是家长的自私或无能。

鉴于此,家长们铆足了劲拼了命似的要把孩子往那些教育资源好的方向推动,不惜一切代价都是为了孩子可以把书读好,甚至孩子读不好书就成了全家人的耻辱。可想而知,国人把读书这件事赋予了多么神圣不可侵犯的使命感和意义感,好像读书这件事已经超越了个人的喜好、个人的意愿、个人的条件,这些都不重要,重要的就是要硬着头皮读书,而且要读好,读不好都不行。

可是,有多少孩子愿意接受这些教育环境下的高压竞争呢?如果孩子在不情愿的情况下被动接受教育,在不甘心的前提下勉强而为之在学习,在百般无奈的心态中煎熬着接受教育,那教育的效果可想而知。如果家长一门心思努力给孩子不想要的东西,且以强权之势、道德绑架之心将孩子牢牢地绑在学习这条独木舟上,就势必会发生冲突,且有时冲突极为强烈,强烈到孩子或家长要用歇斯底里、动手打架、毁物伤人来表现,最终两败俱伤。

平时如果家长不要求休学的孩子做什么,特别不涉及学习相关事宜,好像也可以和孩子相安无事,可一旦涉及复学的话题,必定发生冲突,冲突一旦发生,必有损伤,既有物品损伤,也有内心损伤。

家长就会很困惑,不知道孩子到底是怎么了,平时不提复学好像都挺好,该吃饭吃饭,该睡觉睡觉,该玩玩,该出门出门,可就是一旦说起复学,孩子整个人都像是换了频道,和平时完全不一样,如果逼得再紧点,就可能发生激烈冲突,复学好像变成了一个定时炸弹的按钮,一点就炸。

如果是这样,说明孩子的情绪爆发和学习这件事以及和父母在学习这件事上与孩子的互动方式密切相关,而并非泛化的情绪不好。泛化的情绪不好是指不只针对一件特定的事情情绪容易爆发,而是针对各种事情都容易情绪爆发。泛化的情绪爆发表明孩子的情绪问题已经成为一种病症的一惯性症状,如抑郁症,而只针对特定情境的情绪爆发则涉及创伤反应。

六、亲子关系冲突造成的自杀倾向

接续前述,如果孩子平时没有自杀倾向(suicidal ideation or suicidal attempts),只是当父母谈到复学问题时,且逼孩子逼得太紧时,孩子才有自杀倾向。逼得紧的表达方式包括:"我告诉你啊,如果明年你还不能复学,你就别在这个家待了""如果你不能上学,你要把这么多年我们给你花的学费都还给我们""如果不上学,你能干啥,学习都学不好,你干啥都不行""如果不能上学,你就自己养自己吧""如果不能上学,我们就不认你这个儿子"。

这些话听上去很扎心,想象一下,如果一个孩子已经受了伤,再听到最亲近的父母对他说这些话,他会作何感想,会有什么反应。他可能会觉得:"我不上学是我想要的结果吗""你们这样说好像这一切都是我造成的""你们有没有能够体谅我哪怕是一点点的难处呢""你们让我还学费,就等同于要我一辈子做你们的奴隶吗""你们说我干啥都不行,你们是对的,我就是干啥都不行""你们明明知道我没能力养活我自己,还让我自己养活自己,分明就是让我去死""你们不想认我这个儿子,没关系,因为从始至终我都没想认你们这个父母,可我没得选""既然我活着让你们如此有负担,如此羞耻,那我就去死吧"。

复学这件事先是触动了孩子内心的软肋,或称为情绪爆点。这种情绪爆点往往和心理创伤有关。再次澄清,这里说的创伤并非通常认为的重大创伤,而是在持续压力作用下的最后一根稻草。虽然事情本身的属性不一定很严重,但在孩子已经承受了持续的压力的前提下,就可以造成创伤效应。这里体现出来的创伤效应就是伤口被刺激下的自杀冲动。

这种自杀冲动的真实性到底有多少?从笔者对真实性这个词的理解来看,就是当时当下,孩子实施自杀行为时内心真正有多想自杀。从多年临床观察访谈来看,孩子的反馈大多是"虽然也怕死,但当时想不了那么多""如果真自杀成功了,也不后悔""没有自杀成功,也没有觉得庆幸,因为还是要面对无穷尽的现实折磨""如果下次他们(指父母)再逼我,我还是会跳楼"。

听上去他们大多数并非想通过自杀吓唬父母,让他们不再逼自己,而是真有自杀的想法和冲动,且在对生活越来越生无可恋的过程中,越来越觉得自杀是一种解脱方式,来逃避学习和父母给的压力带来的无尽痛苦。

这就告诉我们,对于休学在家的孩子,对于因为辍学失能的孩子,真的不能逼太紧,否则他们的自杀冲动说不好哪次冲动之下就自杀成功了。

这里并不排除有些孩子的人格中具有操控性,想要通过自杀来操控父母,防范父母逼自己上学,或得到自己想要的东西,才采取的一种操控行动。但对于自杀这件事何时采取"宁可信其有,不可信其无"的策略,何时采用"不破不立"的原则,打破孩子的操控模式,是很复杂的问题,最好请精神科医生和心理咨询师共同参与评估,准确性会更高些。

七、躯体化障碍

躯体化障碍(somatization symptoms)主要表现为大脑的症状,头痛、头胀、头晕,情绪波动,容易出现失眠症状和神经衰弱症状等。还有的孩子会表现为心脏的症状,胸闷、胸痛、心悸症状,但是检查心脏没有问题。另外,有的孩子还会出现消化系统症状,腹痛、腹泻、腹胀。还有因为胃肠道紊乱引起的胆汁反流或者胃液反流引起的胃食道反流综合征,也会表现为泌尿系统的症状,有尿频、尿急、尿痛等。通常情况下检查结果都是没有器质性的问题,所以称为躯体化障碍。

对于罹患压力型创伤综合征的孩子来说,躯体化可以是日常表现,如失眠、头痛、胃肠道不适等,也可以只在被父母逼着去上学时才会表现出来,如强烈的恐惧反应。尤其是后者,特别具有典型临床意义。平时没有任何症状,只要一临近复学日期,只要父母最近开始和他谈关于复学的事情,就开始出现失眠、头痛、腹泻等症状,在说好的复学当天早上,出现起床困难、体力不支,邻近学校时,出现胸口发闷、如鲠在喉、呼吸加速、心跳加快、手心出汗、双腿发抖,甚至出现濒死感。这些症状可以是小型的惊恐发作,也可以是典型的惊恐发作。这些躯体化症状表明孩子对复学这件事产生了强烈的心理反应,无法调适,从身体上表现出来。

八、自　残

自残行为的专业术语叫做"非自杀性自伤"(以下简称"自残"),是指在过去一年中,有五天或更多,个体从事对躯体表面的可能诱发出血、淤伤或疼痛的故意的自我损害,预期这些伤害只能导致轻度或中度的躯体损伤。自残这种行为背后有明确的精神心理因素在驱动,比如说某种强烈的情绪,包括暴躁、急躁、烦躁、迫切、急切、焦灼、煎熬和愤怒等情绪,这些情绪会产生自残的冲动行为。

那么哪种情绪跟自残最密切相关呢?很多心理研究认为,跟自残最密切相关的有两种心态,一是羞耻感,二是极大的内心痛苦。羞耻感和极大的内心痛苦有共同之处,被认为是能量感最低的情绪状态,无法缓解,无法释怀。在这种状态中,没有谁可以坚持多久,总想找个地缝钻进去,如果没有地缝,就想要尽快找个方法缓解这种感觉,自残就手到擒来了。自残之后,流血的刺痛感可以刺激大脑分泌内啡肽，瞬间就化解了疼痛，同时感受到一种"快感"或"爽感"，这就是为什么自残也会上瘾的原理，我们把它称之为"痛瘾"。

关于自残背后的原因，笔者总结有如下十点。

原因 1　缓解负面情绪——羞耻感最常见

缓解负面情绪，尤其是羞耻感，是自残的首要原因。在中国文化里不太用"羞耻感"这个说法，而是用一个成语叫做"恼羞成怒"，其实说的就是一旦有了羞耻感，就很快转变成愤怒，来掩盖羞耻感。我们总是想方设法地逃避羞耻感，自残就是青少年或青年逃避羞耻感的一种方式。

从另一个角度来看，羞耻感就是自我价值感最低的时刻。每个人都有一定程度的自我价值感，当我们的自我价值感还算好的时候，可能觉得自己还行甚至挺好，自信心和自我效能感都挺好，自我看待也倾向于积极；而当自我价值感比较低的时候，就会很自然而然感受到自卑，觉得"我不行""我不好""我不能""我做不到""我真差""我是个废物"；而当自我价值感极低的时候，就会感觉到羞耻。

羞耻感常见于哪些情况呢？包括被父母批评、指责、否定、打骂或人身攻击，"你怎么连这个都不知道，你也太蠢了""你这么多年真是白活了""我怎么养了你这么个废物""我真是太倒霉了，生了你这么个儿子"；包括被老师当众羞辱，"这道题我讲了那么多遍，你还是做错，你没长耳朵吗""这次考试全班同学都及格了，只有你没及格，你真丢我们班的脸，丢我的脸""你这么笨，还好意思来上学""如果你再不及格，就别来上学了，我们班不要你这样的废物"；还包括被同学欺负欺凌，"你怎么长这么丑""你爸妈生你是这辈子最后悔的事""你又丑又笨,还好意思活着""你整天脏兮兮的,我看见你就恶心",除了被言语羞辱外,还可能被殴打,就更会造成羞耻感。

这些负面情绪会带来极大的不适感,从本能反应来看,我们就是想要找到一种快速有效的方式来缓解这种痛苦,自残就显得有其优势。

原因2 解压方式——即时解压

青少年在承受学习、朋辈关系、父母和来自家庭、社会全方面的压力,且是持续性压力。在如此汹涌而来的压力之下,如果有一种方法可以一使用马上见效,且使用起来很方便,那就一定会成为青少年缓解压力的重要方式。自残就是这样一种方式,有效性高,操作起来方便,只要一自残,就会觉得解压、轻松。由此可见,自残是青少年在发展尚未成熟时,面对重压不知道该如何应对时的一种权宜之计。

原因3 重获控制感——虚假的掌控感

想象一下,如果每次有负面情绪、有压力,自残都可以有效缓解情绪、有效解压,那么在青少年的大脑里就会有形成一种印象,就是掌控感。如果每次这样做,都可以收获预期效果,那么就好像对情绪或压力有了一种主观的掌控感。说"主观"是因为这种掌控感其实是被动的,并未直接解决问题,也并未对情绪或压力真正具有掌控感,而是在用一种代价沉重的方式暂时缓解了情绪和压力,因此称之为虚假的掌控感。如果伤敌一千自损八百,也还算是胜算,但如果伤敌一千自损两千,那就不是胜算,而是重度消耗。但如果暂时的重度消耗是为了更长远的彻底胜利,那也可以暂时接受。

原因 4　习惯行为——犹如痛瘾

这种主观的掌控感足以欺骗大脑，让自己感觉还不错，进而形成一种习惯行为。大脑就是会对一种即时即刻产生的疏解效应产生依赖甚至成瘾。这种对自残的疼痛产生的瘾称为"痛瘾"。

有一种药物叫做"阿普唑仑"，舌下含服这种药物可在短短几分钟内迅速起到缓解焦虑的效果。不管是马上要进行当众演讲很紧张，还是马上要参加一个重要考试很紧张，抑或是马上要开始一场重要的表演很紧张，都可以服用这种药物得到迅速缓解。正是因为它的即时缓解效果，它在美国成为最被滥用的成瘾药物之一。

想想看，如果用这种药物缓解自残的冲动，是否可行？

从临床有效性角度来说，在自残冲动当下使用阿普唑仑的确可以疏解冲动，进而阻断自残行为，同时也可以缓解驱动自残行为的背后情绪。这听上去是一种很好的方法，但这种药物的使用也可以成瘾，那么就由"痛瘾"变成了"药瘾"。

同样的，如果暂时的药物使用在尚未发展到成瘾的程度时可以有效缓解自残行为，听上去也值得，毕竟在没有发生药瘾之前，成功阻断自残行为，性价比还挺好的。

原因 5　吸引注意和求救信号——不可轻忽

青少年的自残行为有时候是在寻求关注，甚至是在发出求救信号，让人知道自己的状况很糟糕，因为不知道如何用语言表达，所以只能用这种方式表达。有些孩子在用刀划了自己以后还会发朋友圈,想要告诉他想告诉的人,"我太痛苦了"。很多孩子觉得父母不够理解他,怎么说他们都不懂,孩子很痛苦,所以会采取这样一种方式让父母去了解"我真的很痛苦"。

但这种做法带来的反应很多样。有些父母看到孩子自残,被吓得魂飞魄散,觉得自己的孩子怎么会如此对待自己,既心疼又困惑,怎么也不能理解孩子为何这样对待自己,于是就会冲动地去找孩子,大声呵斥:"你怎么可以这样,你脑子有毛病吗""你把自己划成这样不痛吗""你这样做让别人怎么看你",一顿呵斥下来,孩子把门一关,一点回应都没有。父母更加无奈了,本来是出于心疼,但没控制好自己的情绪,让孩子更加不愿意和父母交流了。孩子觉得即使这样做,都换不来家长好好的沟通,那还是算了吧,觉得父母没救了。

另一些父母的反应对孩子来说可能更加残酷,会说一些非常伤人的话:"你把自己划成这样是给谁看呢""你以为你这样做你就可以不上学了吗""你既然这么不爱惜自己,那我们父母也不爱惜,你爱划就划,别让我们看见""如果你再这样做,就别说是我们的孩子了""我们没有你这样的孩子"。这些伤人的话会成为压垮孩子的最后一根稻草,使他陷入绝望。本来自残的孩子并不想自杀,听过这些话之后,就真的想自杀了。

如果是孩子的学校老师看到孩子自残,大概率会告知校方处理。校方的处理往往会以安全因素为重,哪个学校都不想自己学校有自残或自杀的孩子,这样对学校会有很大的负面影响,所以学校会尽量让自残的孩子回家休息甚至休学。有些比较讲情理的校方负责人还会和家长坐下来好好谈谈,从对孩子好的角度商量如何处理合适,建议请精神科医生评估自杀风险,建议治疗方案。这个时候,家长就更有可能怪罪孩子的自残行为造成了他几乎无法继续上学的后果,而这种怪罪会让孩子受伤的内心雪上加霜。

原因6　作为要挟条件来达成愿望——具有操控性

如果孩子发现每次这样自残,家人、朋友都如此关心自己,父母甚至会满足自己的无礼要求,心里就会生发出另一种动机,就是用这种方式作为要挟,达成自己的非合理愿望。今天自残,让父母看到后,父母好言相劝,孩子会说:"我就是想去看一次××的演唱会,需要三千元""我就是想要一部苹果15,需要一万块钱"。父母觉得,只要孩子不自残,花点钱也值得。

可问题是,这次答应了要求,过不了多久,孩子又自残了,故伎重施,这次要求升级了:"我就是想去韩国做一次双眼皮,大概需要三五万""我就是想有一次属于自己的旅行,散散心,大概需要五到八万"。父母的经济能力实在无法满足这些要求,颤颤巍巍地说:"孩子,我们实在没这么多钱。"此话一出,孩子就立马回到房间大面积自残,然后拍更多的照片发给父母,父母苦不堪言。这种自残行为就变得具有操控性,而这种操控性就有演变成人格问题的倾向和趋势。

对于SITS青少年来说,他们不一定想要任何贵重物品才自残,可能只是在告诉父母:"不要逼我去上学就好了""如果再逼我去上学,我就割自己""直到把自己割残、割废""不要逼我做任何事情,你逼我,我就自残"。

原因7　跟随潮流——对自我不认可

有些孩子认为自残是一种很酷的行为,班里很多同学都有自残行为,已经成为一种潮流。为了跟随潮流而自残的行为在一定程度上显出自我认可度不够,好像需要用和他人一致性的行为来获得认可或某种安全感和归属感,生怕自己落伍了,没有赶上潮流被人嘲笑、被人嫌弃、被人排斥,觉得"你连划自己两刀都不敢吗"这种话很有刺激性、很有诱发性,觉得自己如果不割自己两刀都枉为人。

原因 8　打发无聊——心智成熟度

还有一种情况就是青少年为了打发无聊而自残,觉得生活太无聊了,就割自己几下,感受一下痛感和爽感。这种行为体现出心智成熟度上的发展不足,尚不能够用理性和认知去判断一种行为的代价和回报,或者即便可以判断,也还不能采取理性行为。

原因 9　感受刺激——躁狂发作

有一种病理情况会造成自残行为,就是躁狂发作。之所以视此情况为病理情况,是因为躁狂发作状态下,人基本会失去理性,无法自控,自残行为作为一种寻求刺激的方式常被使用,几乎纯粹是为了找刺激,找爽感。躁狂发作时,甚至连跳楼都不是为了自杀,而是觉得自己会飞,从二楼跳下去不会死,只是飞一下,爽一下而已。

原因 10　缓解重度抑郁的麻木感——想要感觉自己还活着

有些重度抑郁症患者,会产生麻木感,这种麻木感让人觉得好像与这个世界隔离了,甚至与自己也隔离了。说这种感觉恐怖会有点自相矛盾,因为一方面既然麻木了,怎么还能觉得恐怖呢,但另一方面,一个行尸走肉般的存在确实恐怖,那是一种无声、无味、无感的恐怖。如果想要让自己感受到一点活着的感觉，就不得不割自己两刀，让自己稍微有点感觉，哪怕是痛，也至少证明自己还活着。

以上十种自残的原因及相应的解释供大家参考。

从SITS青少年的角度来看，他们自残的原因主要分布于前六种。因SITS而失学在家的孩子多少会有负面情绪，面临被父母逼着上学的压力，有对失学造成的失能感想要重获控制感的动机，有吸引父母注意，想让他们知道自己很痛苦的动机，也有习惯性动作的成分和作为对抗父母逼自己上学的手段。既然有这么多因素可以导致孩子自残，那么也不奇怪失学在家的孩子会自残了。

第三章

压力型创伤综合征的
诊断标准

一、症状标准 / 65

二、病程标准 / 66

三、功能受损标准 / 67

四、排除标准 / 67

压力型创伤综合征的诊断标准

前一章阐述了压力型创伤综合征(SITS)的八大症状。本章将阐述这些症状要满足哪些其他条件才可以诊断为 SITS,包括症状标准、病程标准、功能受损标准和排除标准。

精神病症的诊断一般都需要这四个维度的判断,症状标准是判断症状的严重程度和症状数目是否达到诊断的标准,病程标准是看症状是否持续达到了一定的时间长度,功能受损标准是看病症对功能造成了怎样的损伤,排除标准是和其他相似病症做比较,以免造成误诊。

一、症 状 标 准

症状标准涉及前面提到的八大症状,包括认知偏差、社会功能受损、共病其他精神心理病症、失能感、亲子关系冲突造成的情绪爆发、亲子关系冲突造成的自杀倾向、躯体化症状和自残。这些症状在临床研究收集的案例中,95%以上的孩子具备至少五种症状。因此,我们认为要至少具备五种以上症状才会比较突出地体现 SITS 的病症特点。

在八大症状中,出现概率排在前三位的症状分别是认知偏差、失能感、社会功能受损。几乎所有罹患 SITS 的孩子都有认知偏差、强烈失能感和社会功能受损的问题。社会功能受损主要表现为休学或辍学,而在休学或辍学后如果没有经过及时干预和治疗,就会反馈性加重认知偏差和失能感。

在孩子休学或辍学之后的日子里,家长的反应直接影响孩子的其他症状,包括情绪爆发、自残和自杀倾向等。由此可见,这八大症状有紧密的相互作用,相辅相成。这也提醒家长,当孩子因受压过重而不能上学之后,家长的反应会直接影响孩子病情的走向和发展趋势。如果家长及时意识到问题的属性和原因,及时寻求专业帮助并采取有效干预措施,孩子的病情还是有希望逆转,至少不会继续加重;但如果家长没有意识到问题属性和来龙去脉,还是一味给孩子施压,让孩子就范,回到学校,或许孩子可以在外在表现上回到学校,乖乖学习,但内心的伤痛会持续加重,成为定时炸弹。

二、病 程 标 准

病程标准主要是指病症的持续时间。

SITS的病例在症状层面的完全发展形成一般都需要六个月以上,才能充分显示其病症的创伤属性。在此过程中,孩子可能会有反复努力想要走出困境却无法成功的尝试,最终退缩到自己最安全的角落。

实际案例中显示,如果孩子病程持续了一个月以上,那么很可能就会持续下去,可长达数月或数年。但不排除少数个案在病情持续1—3个月后,出现神奇逆转,孩子开始上学了。这时家长开心得不得了,但笔者从经验角度来看,这种忽然之间的逆转才是最有风险的,因为我们并不知道孩子逆转的原因和动力是什么,有可能是内在根本没有修复,只是硬逼自己外在表现上回到正轨，这种内外不一致的张力可能逐渐增大到无法承受的地步。这种逆转也有可能是最终放弃前的最后一搏，有可能是自杀前的最后一次尝试，总之，没有可合理解释的逆转都有待商榷。

三、功能受损标准

如果某个精神心理病症对现实生活的功能没有影响，那么这个病症几乎不能成立，或不需要干预，因为病症之所以会成为病症，有一个内在核心的前提，就是对正常生活造成了影响和困扰，以至于无法适应当前环境或角色，造成角色失调。

对于青少年来说，内部功能受损包括睡眠、饮食、情绪、兴趣、注意力、记忆力、脑力等，外部社会功能受损主要体现在是否可以上学、是否可以与人交流、是否可以出门社交、是否可以出房间和家长交流等。患有 SITS 的孩子十有八九是无法继续上学的，这也是让父母最为担心和焦灼的。

四、排 除 标 准

对于罹患 SITS 的青少年来说，需要排除创伤后应激障碍、复杂型创伤后应激障碍、急性应激障碍、适应障碍等类似诊断。下一章我们来一一阐述。

第四章

压力型创伤综合征的鉴别诊断

一、SITS 和创伤后应激障碍的鉴别 / 71

二、SITS 和复杂型创伤后应激障碍的鉴别 / 83

三、SITS 和急性应激障碍的鉴别 / 90

四、SITS 和适应障碍的鉴别 / 93

五、SITS 和发展性创伤障碍的鉴别 / 95

六、SITS 和抑郁症的鉴别 / 100

七、SITS 和人格障碍的鉴别 / 103

压力型创伤综合征的鉴别诊断

SITS鉴别诊断的必要性在于,我们既要知道它是什么,也要知道它不是什么。SITS是一种新型的创伤类型的诊断,它与其他跟创伤相关的诊断到底有哪些相似之处和不同之处？这些和创伤相关的诊断包括创伤后应激障碍、复杂型创伤后应激障碍、急性应激障碍、适应障碍和发展性创伤障碍。同时,SITS和抑郁障碍以及人格障碍也有相似之处,需要鉴别。[1]

一、SITS和创伤后应激障碍的鉴别

创伤后应激障碍(post-traumatic stress disorder,PTSD)在美国《精神障碍诊断与统计手册(第五版)》(DSM-5)中的诊断标准如下(适用于成人、青少年和6岁以上儿童)[2]:

A. 以下述1种(或多种)方式接触于实际的或被威胁的死亡、严重的创伤或性暴力：

1. 直接经历创伤事件。
2. 亲眼目睹发生在他人身上的创伤性事件。
3. 获悉亲密的家庭成员或亲密的朋友身上发生了创伤

---

[1] 出于创伤诊断的国际通用性,以及创伤诊断细分类别的整全性考虑,本章采用的诊断标准为DSM-5。

[2] 美国精神医学学会编著.精神障碍诊断与统计手册(第五版)[M].张道龙,等译.北京：北京大学出版社,2015：262-264.

性事件。在实际的或被威胁死亡的案例中,创伤性事件必须是暴力的或事故的。

4. 反复经历或极端接触于创伤性事件的令人作呕的细节中(例如,急救员收集人体遗骸;警察反复接触虐待儿童的细节)。

注:诊断标准 A4 不适用于通过电子媒体、电视、电影或图片的接触,除非这种接触与工作相关。

B. 在创伤性事件发生后,存在以下一个(或多个)与创伤性事件有关的侵入性症状:

1. 创伤性事件反复的、非自愿的和侵入性的痛苦记忆。

注:6 岁以上儿童,可能通过反复玩与创伤性事件有关的主题或某一方面来表达。

2. 反复做内容和/或情感与创伤性事件相关的痛苦的梦。

注:儿童可能做可怕但不能识别内容的梦。

3. 分离性反应(例如,闪回),个体的感觉或举动好像创伤性事件重复出现(这种反应可能连续出现,最极端的表现是对目前的环境完全丧失意识)。

注:儿童可能在游戏中重演特定的创伤。

4. 接触于象征或类似创伤性事件某方面的内在或外在线索时,产生强烈或持久的心理痛苦。

5. 对象征或类似创伤性事件某方面的内在或外在线索,产生显著的生理反应。

C. 创伤性事件后开始持续地回避与创伤性事件有关的刺激,具有以下 1 项或 2 项情况:

1. 回避或尽量回避关于创伤性事件或与其高度有关的

痛苦记忆、思想或感觉。

2. 回避或尽量回避能够唤起关于创伤性事件或与其高度有关的痛苦记忆、思想或感觉的外部提示（人、地点、对话、活动、物体、情景）。

D. **与创伤性事件有关的认知和心境方面的负性改变，在创伤性事件发生后开始或加重，具有以下 2 项（或更多）情况：**

1. 无法记住创伤性事件的某个重要方面（通常是由于分离性遗忘症，而不是诸如脑损伤、酒精、毒品等其他因素所致）。

2. 对自己、他人或世界持续性放大的负性信念和预期（例如，"我很坏"，"没有人可以信任"，"世界是绝对危险的"，"我的整个神经系统永久性地毁坏了"）。

3. 由于对创伤性事件的原因或结果持续性的认知歪曲，导致个体责备自己或他人。

4. 持续性的负性情绪状态（例如，害怕、恐惧、愤怒、内疚、羞愧）。

5. 显著地减少对重要活动的兴趣或参与。

6. 与他人脱离或疏远的感觉。

7. 持续地不能体验到正性情绪（例如，不能体验快乐、满足或爱的感觉）。

E. **与创伤性事件有关的警觉或反应性有显著的改变，在创伤性事件发生后开始或加重，具有以下 2 项（或更多）情况：**

1. 激惹的行为和愤怒的爆发（在很少或没有挑衅的情况

下),典型表现为对人或物体的言语或身体攻击。
2. 不计后果或自我毁灭的行为。
3. 过度警觉。
4. 过分的惊跳反应。
5. 注意力有问题。
6. 睡眠障碍(例如,难以入睡或难以保持睡眠或休息不充分的睡眠)。

F. 这种障碍的持续时间(诊断 B、C、D、E)超过 1 个月。

G. 这种障碍引起临床上明显的痛苦,或导致社交、职业或其他重要功能方面的损害。

H. 这种障碍不能归因于某种物质(例如,药物、酒精)的生理效应或其他躯体疾病。

由此标准可以看出,PTSD 有如下十个特点。

特点 1　创伤事件具有严重性

PTSD 的诊断标准明确了当事人所经历的创伤事件必须具有严重性,"接触于实际的或被威胁的死亡、严重的创伤或性暴力""创伤性事件必须是暴力的或事故的",这些表述都在提示,PTSD 所说的事件严重性已经到了威胁生命的程度,强调的是暴力属性和严重程度。

特点 2　创伤事件可以是间接经历

PTSD 所说的创伤事件不一定是当事人直接亲身经历的,可以是看到别人而间接经历的,不管是在战场上看到战友被炸弹炸飞,还是在大街上看到有人出车祸被车撞飞,都不是自己的亲身经历，但存在于创伤事件的场域，亲眼看到，我们把这种创伤叫做替代性创伤（vicarious trauma），意思是在现场亲眼看到，就好像自己经历一样。

特点3　一次性经历和反复性经历

PTSD所说的创伤事件可以是一次性经历的，也可以是反复经历的，但大多是一次性经历的。

特点4　侵入性闪回

经历过创伤事件之后，事件细节片段以各种各样的形式无法控制地闪回到现在的生活中，不管事件已经过去多久。可以在日常清醒状态下闪回，也可以在晚上睡梦中闪回。侵入性是指不可控制，无法抵挡。

特点5　泛化刺激

创伤事件可能已经过去很久，但凡是和创伤事件相关的任何要素出现在当下的生活中，都会对当事人造成再次刺激，使其感受恐惧或痛苦。这种单一要素出现就引发创伤刺激的现象就叫做刺激性泛化。

特点6　泛化回避

因为泛化刺激，就会自然想要泛化地回避各种各样的场景。凡是觉得场景中可能会有和创伤场景相似的要素出现，当事人就想回避，造成现实中无法出现在太多场合。"泛化"这个概念就是指在一个点上受刺激了，就在和这个点相似的很多点上都可以受刺激，而不管其他点和这个刺激点的相似性是多么牵强。

特点 7 泛化负性认知改变

创伤事件发生后,"由于对创伤事件的原因或结果持续性的认知歪曲,导致个体责备自己或他人",即所谓的怨天尤人。比如,"都是你们父母的错,害得我今天成了这副样子""要不是你们把我送到这所学校,我就不会遭受这么大的创伤""老天为何对我如此不公""我怎么这么倒霉""我这辈子算是毁了""再努力都没用了"……

特点 8 情绪的持续负性改变

经历过创伤事件之后,情绪会出现持续性的负性改变。负性改变是指情绪低落、烦躁、暴躁、易激惹,且是持续性的,也就是说并非只有在特定场景或关系中才会表现出来,而是在泛化的关系和场景中都有体现,甚至在无人无事的时候,一个人也会莫名的情绪不好。

特点 9 无安全区域

如果创伤事件所在的场域会带来强刺激,会让受伤者无法感受到安全,那么是否有安全区域能让受伤者感到安全,不用持续警戒,不用担心害怕呢?答案是:没有。对于受过死亡威胁之伤的人来说,并没有安全区域,随时随地都有可能发生危险。

特点 10 持续超过一个月

如果创伤事件发生之后,在一个月以上的时间里都表现出创伤反应,那么就超出了急性应激反应的病程范围,要考虑是否是PTSD。

PTSD具有以上十个特点。依据这十个特点,我们来看

PTSD 和 SITS 有何相似点。

相似点 1　具有受伤属性

PTSD 和 SITS 均具有受伤属性。所有"伤"都将在人的神经系统里留下标记，而且这个标记会不断发出警报信号。这种警报信号是不受理性控制的，因为从人的生存本能角度来讲，这种警报信号就是在提示"生命受到威胁"。一旦涉及生命安危，就算假警报也无可厚非，因为宁可错报一万次，也不能放过一次真实的危险，毕竟生命安危事关重大，仅有一次错过的真实危险都可能丧命。正是因为如此，和生命安危有关的假警报被纵容到了扰乱生活、使人丧失功能的地步。

相似点 2　受伤后退缩

一旦涉及生命安危，退缩就显得很自然。既然有危险，当然要逃跑。这是一种生存本能。所以对于 PTSD 和 SITS 来说，受伤后的广泛退缩都是自然反应，就看退缩程度。

相似点 3　受伤后的认知偏差

人的神经系统一旦有了受伤标记，就需要对这个标记进行解读，"到底为什么我会遭受这个伤""这个伤到底是怎么发生的""这个伤带给我什么影响""我能否从这个伤中走出来"。这些问题很自然会成为后续认知解读的重要方向。又因为人在解读事件时有两种倾向，一种是外归因，即把原因归在自己以外的外在因素上，另一种是内归因，即把原因归在自己相关的内在因素上。

显而易见，在这两种倾向上，内归因更容易让人觉得内疚、自责、痛苦。那么当事人在已经受伤的情况下，是会倾向于内归因呢，还是外归因呢？

很显然，人在已经受伤的情况下，一般不会再内归因让自己更痛苦，因为受伤本身就已经很痛苦了，趋利避害的本能很自然会让人外归因，即便是平时很有自我反省能力和习惯的人。受伤后都倾向于外归因，那么相应的内心独白就变成了："我为何如此不幸""我为何会有这样的父母""我怎么这么倒霉""都是我爸/我妈的错""这个时代不适合我生存""这个伤太重了""我再也无法上学了""我再也无法上班了""我这辈子算是毁了""就让我自生自灭吧"。

相似点4 躯体化反应

当人的神经系统有了受伤的标记，每当再次面对和受伤场景有关的人、事、物，大脑都会自动发出警报信号，传遍全身，让全身都知道："危险来了""快跑啊""这个危险太大了""我搞不定这个危险啊""不跑要有生命危险啦"……在这些警报信号及对警报信号的解读下，身体就会发生相应的反应：呼吸急促，心跳加快，两手发抖，浑身肌肉疼痛，头晕眼花，胃肠不适，胃痛，拉肚子，烦躁，发脾气，失眠，口腔溃疡，皮肤过敏等。

相似点5 回避模式

既然有了躯体化反应，大脑就会再次解读这些反应，进而得出一个结论，就是"我不能赴约""我要回避这个场景""我要回避这个关系""我要逃离这个任务""我不能再让自己陷入这个受伤的情景中"，就产生了回避反应。关键是，有时候回避是不必要的，是过度反应。

相似点 6　伤情持续时间久

只要受伤之后,伤情就会持续很久,因为一旦神经系统做出了受伤标记,绝不会轻易将这个标记消除,因为涉及生命安危,涉及生存本能。如果那么轻易就把一个受伤标记消除了,那么下次再遇到却因为没有标记而不发出警报信号,那岂不是有生命危险?因此,很多受伤标记会持续很久甚至是一生之久。你常听到的说法有"到现在我还记得当年我爸打我的场景""几十年过去了,我还记得当年车祸的现场""我永远也不会忘记我最好的朋友那恶毒的眼神""我永远也无法释怀他/她对我的伤害"。

PTSD 和 SITS 除了具有以上六大相似之处,还具有若干区别,我们据此对两者进行鉴别。

鉴别点 1　常见发病人群

从定义来看,全年龄段人群都有可能发生 PTSD,只要创伤事件足够严重,只要当事人在遭遇创伤事件时无法承受,就可能发生创伤效应。但对于 SITS 来说,基于持续压力的前提,该症在青少年和青年中最为常见,因为青少年被社会环境、学校环境和家庭环境中的各种压力长期压制,造成了受伤的基础条件。

鉴别点 2　创伤事件是否严重

如前所述,PTSD 的产生需要直接或间接经历了对生命具有威胁性的严重事件,比如暴力事件、灾难事件、极度痛苦事件等。如果不是生命受到威胁,至少是安全感受到极大威胁。总之,创伤事件具有严重性。

SITS 所涉及的创伤事件远不是如此严重。可能只是一次考试失利,老师一个恶狠狠的眼神,和父母一次带有嫌弃且具有羞辱性的对话,向一个喜欢的异性表白被拒绝,在课堂上发言错误被全班同学嘲笑,与同学发生冲突被老师或学校不公正公平对待,在学校运动会或其他集体活动中出丑等。这些事情远不如 PTSD 所说的严重创伤性事件,但却发生了创伤效应。

可见 PTSD 强调暴力属性和严重程度,SITS 强调的是压力属性和羞辱属性。

鉴别点 3　直接还是间接经历创伤事件

对 PTSD 来说,可以是直接经历创伤事件,也可以是间接经历。比如在战场上,自己并没有被炸飞双腿,但身边近在咫尺的战友却被炸弹炸飞了双腿,这种间接经历就足以产生创伤效应。因为在那个战场的场域中,精神都处在高度紧张状态,而这种冲击事件就发生在身边,顿时会对人的神经系统产生剧烈冲击,留下不可磨灭的印象。

但对 SITS 来说,创伤事件一定是自己直接经历的,因为持续压力的刺激只是奠定了一个受伤的基础条件,之后还需要创伤事件做"点睛之笔"。当然,这个创伤不需要那么严重。

鉴别点 4　创伤事件是一次性还是多次

对于 PTSD 来说可以是一次性重大创伤事件,也可以是因为某种工作角色或生活角色造成长期反复暴露在创伤场景中。对于 SITS 来说,由于之前长期遭受压力的因素就已经涉及了事件,所以长期的压力事件和后续的创伤事件之间彼此的关系已经形成一个连续谱,可以没有显著的差别。好像孩子是在一个特定事件之后才出现全面崩溃、不能上学等症状，也不能说单纯是因为这个事件造成的效应。之前长期的压力事件已经造成了受伤的基础，后续所谓的创伤事件也只是"最后一击"。

鉴别点 5　是否有侵入性闪回

对 PTSD 来说，常有侵入性闪回。其特点是无法控制地、不可抑制地侵入受害者的大脑，造成持续影响。对 SITS 来说，只要回避和受伤场景有关的要素，就不一定或不会再有受伤场景的闪回，因为创伤事件本来就没那么严重，也没在头脑里造成剧烈而严重的冲击，恐惧感并没有那么深刻，而更多是一种厌恶和排斥。

鉴别点 6　是否有泛化刺激

对于 PTSD 来说，有泛化刺激，即在受到创伤之后，凡是和创伤场景中要素有关的场景都会成为刺激因素，甚至和这些要素不直接相关、只是间接相关或牵强相关的要素都会被认为具有刺激性。而对于 SITS 来说，刺激没有泛化得这么明显，如果是在学校受伤，只要回到家，就还好；或许跟学校有关的话题会有回避，但不至于连学校场景中的教室的桌子看不得，只要一看到这种桌子就发病，也不至于只要在生活中看到和学校操场上一样的红旗就发病。

鉴别点 7　是否有泛化回避

对于 PTSD 来说，具有泛化回避的表现，即哪怕是与创伤场景牵强相关的场景都不能去，最终造成哪儿都不去，谁都不见。对于 SITS 来说，或许无法去学校，但有些孩子还是可以出门、出游的,还是可以见人聊天的。虽然有些孩子真的就待在家里了,哪儿都不去,谁都不见,不一定是因为学校里发生的创伤造成的,而是父母限制了出行,不允许出行,或者见的人都在误解他,都在批评指责他,都在无礼劝说他,造成了衍生的反感情绪,他才不要见人。

鉴别点 8　是否有高度警觉

PTSD 患者可能有高度警觉性,即在通常没有危险的情况下,总觉得有危险的可能,所以要保持高度警觉性,以备危险随时来临。SITS 不一定有这种表现,因为他们在退出了受伤场域之后,就不再觉得危险,而是在安全区域里。

鉴别点 9　有无安全区域

对于 PTSD 来说,很难有安全区域。在任何地方、任何时间、随时随地都有可能发生危险,所以需要时时保持警惕,刻刻保持警觉,要不然就会再次陷入危险之中。这种恐惧情绪是由神经系统中发出的泛化的警报信号造成的。但对于 SITS 来说,恐惧没有那么强烈,所以也不会发出泛化的警报信号造成持续警觉。很多休学的孩子还是可以在一定空间范围内享受生活的,即可以找到安全区域。

鉴别点 10　治疗方法不同

在治疗方法上,PTSD 主要处理创伤,SITS 主要是对当事人赋能。具体会在后续治疗章节中详述。

通过以上六个相似点和十个鉴别点,我们可以对 SITS 和 PTSD 做出区分,从而有效鉴别青少年到底有哪种创伤问题。

二、SITS 和复杂型创伤后应激障碍的鉴别

很遗憾，DSM-5 并没有收录复杂型创伤后应激障碍(complex post-traumatic stress disorder, C-PTSD)这个诊断，但在《国际疾病分类第十一次修订本》(ICD-11)中对此有收录，具体如下[1]：

> 复杂性创伤后应激障碍是一种在暴露于一个或一系列具有极端威胁性或恐怖性质的事件后可能出现的障碍，最常见的是难以或不可能逃脱的长时间或重复性事件(例如酷刑、奴隶、种族灭绝运动、长期家庭暴力、反复的童年性虐待或身体虐待)。符合 PTSD 的所有诊断要求。此外，复杂性创伤后应激障碍的特点是严重和持久的：1)情感调节问题；2)认为自己被削弱、挫败或无价值感，并伴有与创伤事件有关的羞耻感、内疚感或失败感；以及 3)难以维持关系和感觉与他人亲近的困难。这些症状在个人、家庭、社会、教育、职业或其他重要功能领域造成严重损害。

根据以上定义描述，总结 C-PTSD 的特点如下。

特点 1　创伤事件类型

可以造成 C-PTSD 的创伤事件，根据 ICD-11 给出的定义，其使用的描述词是"具有极端威胁性或恐怖性质的事件"，由

---

[1] 世界卫生组织.6B41 复杂性创伤后应激障碍[EB/OL]. https://icd.who.int/browse/2024-01/mms/zh#585833559.

此可见,是指非同寻常的事件,是通常情况下不会遭遇的事件,例如酷刑、集中营、奴役、种族灭绝运动和其他形式的有组织暴力、家庭暴力以及儿童期性虐待或身体虐待。并非要遭受身体虐待与经历才会出现 C-PTSD,精神上、语言上的长期重复的情感虐待也会出现 C-PTSD。如果父母是偶尔责打一次孩子,会不会构成这里说的创伤事件属性呢?不一定,还要看发生的频率和时长。

这些事件常常具有人际性质,即人类虐待的结果,而不是自然灾害(例如地震、海啸)或事故(飞机失事、机动车事故)。

特点 2　创伤事件发生次数

长期和反复是对 C-PTSD 患者所经受的创伤事件的次数描述词。在这种长期、反复发生的创伤事件中,受伤者的内心将发生一系列显著变化。前面说到父母偶尔责打一次孩子,就算比较严重,但很难构成这里说的创伤事件的属性。但如果家长是长期反复责打孩子,而且责打颇重,那么就要怀疑是不是构成了 C-PTSD 所描述的创伤事件类型和属性。

特点 3　创伤事件的不可避免性

这些创伤事件有一个重要特点,就是不可避免。一旦有了不可避免感,那么人主观上就变得很无力、无助和绝望,进而产生对自我的负面看待。在家中,被父母反复责打虐待的孩子也会觉得这是不可避免的灾难。

特点 4　创伤症状

创伤事件后,可呈现出创伤后应激障碍的核心症状,包括在当下重新体验创伤,回避引起创伤的事物,并持续感知当前威胁。这些创伤症状和 PTSD 是一致的,只是这些还不足以描述 C-PTSD 的症状。

特点 5　极低的自我认知

因为事件具有不可避免、不可对抗、不可改变的属性,而人在解读这个经历的时候常常会错误归因给自己,造成对自己极为负面的自我认知和看待,觉得自己失败、一文不值,都是自己的错,有羞耻感和内疚感,甚至有毒性羞耻,即这种羞耻感已经到了有毒的地步。因此,常常想要放弃自己,对自己感到绝望。

特点 6　人际关系困难

正是因为创伤事件和人际关系密切相关,人在受伤之后,就会出现与人际相关的很多症状,无法信任他人,在维持关系上存在持续困难。

特点 7　情绪失调

创伤事件发生后,情绪情感功能出现持续性和普遍性的损害。不管是由过去的创伤事件不断闪回所造成的情绪崩溃,还是由对现在的自己的负面认知所造成的情绪低落,都会发生。

除此之外,脆弱的自尊、极端的情绪、解离体验、对压力过度敏感以及极端想法意念都可能是 C-PTSD 的表现。这些症状会导致个人、家庭、社交、教育、工作或其他重要领域的功能严重损坏。

由此可见,C-PTSD 是比 PTSD 更为严重且复杂的创伤病症。基于以上对 C-PTSD 特点的理解,我们将 SITS 与 C-

PTSD 的相似点和鉴别点阐述如下。

相似点 1　压力持续存在

不管是 SITS，还是 C‐PTSD，都具有持续压力状态的特点，即在持续的事件压力、关系压力或自我看待的压力下生存。这种持续的压力会对人的生理状态、心理状态和精神状态都产生巨大影响，就更别说是有毒的压力，带来的影响更大。

相似点 2　稻草事件

在持续压力的前提下，常有最后一根稻草一样的事件将当事人压垮，我们称之为"稻草事件"。这种稻草事件对已经被长期压力削弱的内心可造成摧毁性冲击，致使受害者出现不同程度的失能状态，上班的不能上班了，上学的不能上学了，不能社交了，不能出门了，不能睡觉了，不能吃饭了，不能思考了。

相似点 3　自残行为

不管是 SITS，还是 C‐PTSD，当事人都有可能出现自残行为。按照笔者对自残背后十种原因分析（参见第二章第 56 页）的理解，两种病症都会带来当事人深重的负面自我看待，尤其是羞耻感，很容易促成自残行为。

鉴别点 1　创伤事件严重程度

SITS 涉及的创伤事件的严重程度一般会比 C‐PTSD 轻很多，并非那种生命受到威胁的严重事件，甚至可能是旁人、大人看起来微不足道的小事，就可以成为稻草事件，因为之前已经有长时间的压力作为铺垫。

鉴别点 2　自我概念破坏程度

C-PTSD 对自我概念的破坏程度可谓是摧枯拉朽般破碎，所剩的自己已经残缺不全，甚至从一开始就没有机会发展出所谓的"自我"，所以整个人都是破碎不堪、残破不全的。而 SITS 的自我概念破坏程度一般没有那么严重，甚至在不涉及稻草事件的场景或关系时，当事人还可以活得挺滋润的，吃吃喝喝，玩玩游戏，出去旅游，都可以享受其中的快乐。时间久了，甚至有理所当然的感觉，就是不要面对稻草事件相关的自我责任。

鉴别点 3　情绪失调程度

C-PTSD 的情绪失调程度因着自我概念的破坏程度深重而强烈，甚至无法在任何一种场景中长时间保持情绪稳定，情绪不稳可能影响工作、学习、社交和生活的各个方面，以至于需要服用药物才能保持情绪的基本稳定。如果不涉及受伤场景和稻草事件，一般来说，SITS 的情绪失调程度并不高，甚至可以保持非常稳定的状态，让家长觉得"我的孩子到底是生病还没生病呢""如果生病，为何他平时看上去情绪挺好的呢""如果没生病，为何他无法去上学呢"。

鉴别点 4　人际功能破坏程度

因为 C-PTSD 患者自我看待非常负面，以至于和人相处时，几乎无法摆脱在人际互动中放大解读蛛丝马迹，也摆脱不了认为自己不好的想法，因此在人际关系中表现出极不稳定的状态。通常说，如果一个人和自己的关系出了问题，那么和他人的关系几乎一定会迟早出问题，因为所有人际互动的反馈都可能因自我看待偏差而出现解读偏差。这种偏差的解读会造成人际困难，一方面感受上觉得对方让自己感觉不好，另一方面理性上知道是自己多想多虑了，但又控制不住自己。

SITS 的人际功能本身不一定出问题，即只要不涉及创伤场景下的人际关系，一般不会有什么困难。但问题是，当一个青少年不再上学，很多人见面就会直戳痛点："你怎么好久没上学了呢""你这么小，怎么可以不上学呢""现在哪个孩子没有压力呢""学习这点压力算什么呢""学习压力你都承受不了的话，以后更大的压力就更承受不了了""熬一熬就过去了，没什么大不了""整天待在家里都待废了"。这些表达都会让休学的孩子非常反感，不愿意听，心里很想怼回去："我上不上学关你什么事呢""你根本不知道我在学校经历了什么""不了解情况根本没资格说三道四""别拿你那一套理论来教训我""我不上学我愿意，你管得着吗""不上学有什么后果我愿意承担""我废不废都跟你没关系""大不了一死了之"。

见多了这些人，孩子也就不再愿意见人了，什么七大姑、八大姨，什么老师、同学，什么医生、咨询师，都是这一套，那就算了，谁都不见吧，遂把自己关在家里的房间里，整天打游戏，麻痹自己。

这种情况并不是人际功能破坏，而是一种回避，是对不舒适场景和关系的回避。这种回避不见得是没有能力面对和处理，而是不想要处理，不愿意面对。

鉴别点5　闪回、回避、警觉程度

C-PTSD 具备 PTSD 所有三大典型症状的全部特征，包括闪回、回避和高度警觉。而 SITS 在这三个方面的严重程度和 C-PTSD 都不可同日而语。或许会有一定程度的回避，回避创伤场景或创伤关系,但闪回和警觉程度都不高,甚至有些孩子在家里认为安全的区域里并没有闪回和警觉。

鉴别点 6　躯体化程度

C-PTSD 患者可以在日常生活中就有严重的躯体化症状,头痛头晕、恶心呕吐、浑身肌肉酸痛、胃肠道不适、腹泻、腹痛、便秘、心慌、胸闷、呼吸困难,还有注意力不集中等各种各样的躯体症状。这些躯体症状是因为创伤场景和片段还在不断闪回,这些闪回的记忆还在侵扰着受害者。而 SITS 因为几乎没有闪回和警觉,也就几乎没有这些躯体症状,除非是父母催逼当事人回到创伤场景,面对创痛,那么可能会在两天很短时间里出现以上各种症状。然而,等到父母心软,不再催逼之后,这些症状在没有得到药物治疗或其他治疗的情况下就神奇地消失了。

鉴别点 7　自杀倾向

不管是 SITS,还是 C-PTSD,当事人都可能在长期失能状态下或在重要他人的不理解和催逼之下,产生自杀倾向,想要结束自己的生命,不想再面对自己失能、无用、成为别人负担的状态。但 C-PTSD 患者可能更多是在平时状态下就会有这种极端消极的想法,如果再受到一点刺激,那就更想自杀;而对于 SITS 患者来说,平时日常状态下不一定会有强烈的自杀想法或冲动,而是在被催逼之下可能会有一时冲动式的自杀尝试。

通过以上三个相似点和七个鉴别点的阐述,希望大家可以对 SITS 和 C-PTSD 有基本的辨别和了解。

三、SITS 和急性应激障碍的鉴别

DSM-5 中对急性应激障碍(acute stress disorder, ASD)的诊断标准描述如下[①]：

A. 以下述 1 种(或多种)方式接触于实际的或被威胁的死亡、严重的创伤或性暴力：

1. 直接经历创伤性事件。
2. 亲自目睹发生在他人身上的创伤性事件。
3. 获悉亲密的家庭成员或亲密的朋友身上发生了创伤性事件。

注：在实际的或被威胁死亡的案例中，创伤性事件必须是暴力的或事故。

4. 反复经历或极端接触于创伤性事件的令人作呕的细节中(例如，急救员收集人体遗骸或警察反复接触虐待儿童的细节)。

注：此标准不适用于通过电子媒体、电视、电影或图片的接触，除非这种接触与工作相关。

B. 在属于侵入性、负性心境、分离、回避和唤起这 5 个类别的任一类别中，有下列 9 个(或更多)症状，在创伤性事件发生后开始或加重：

- 侵入性症状

1. 对于创伤性事件反复的非自愿的和侵入性的痛苦记忆。

[①] 美国精神医学学会编著.精神障碍诊断与统计手册(第五版)[M].张道龙,等译.北京：北京大学出版社,2015：272-273.

注：儿童可能通过反复玩与创伤性事件有关的主题或某一方面来表达。①

2. 反复做内容和/或情感与创伤性事件相关的痛苦的梦。

注：儿童可能做可怕但不能识别内容的梦。

3. 分离性反应(例如,闪回),个体的感觉或举动好像创伤性事件重复出现(这种反应可能连续地出现,最极端的表现是对目前的环境完全丧失意识)。

注：儿童可能在游戏中重演特定的创伤。

4. 对象征或类似创伤性事件某方面的内在或外在线索,产生强烈或长期的心理痛苦或显著的生理反应。

- **负性心境**

5. 持续地不能体验到正性的情绪(例如,不能体验到快乐、满足或爱的感觉)。

- **分离症状**

6. 个体的环境或自身的真实感的改变(例如,从旁观者的角度来观察自己,处于恍惚之中、时间过得非常慢)。

7. 不能想起创伤性事件的某个重要方面(通常由于分离性遗忘症,而不是由于脑损伤、酒精、毒品等其他因素)。

- **回避症状**

8. 尽量回避关于创伤性事件或与其高度有关的痛苦记忆、思想或感觉。

9. 尽量回避能够唤起创伤性事件或与其高度有关的痛

---

① 原文为"对儿童来说,重复性游戏可能会出现在表达创作性主题的场合",根据上下文判断此处翻译有误,故沿用创伤后应激障碍中对应诊断标准的备注,特此说明。——编辑注

苦记忆、思想或感觉的外部提示(人、地点、对话、活动、物体、情景)。

- **唤起症状**

  10. 睡眠障碍(例如,难以入睡或难以保持睡眠或休息不充分的睡眠)。
  11. 激惹的行为和愤怒的爆发(在很少或没有挑衅的情况下),典型表现为对人或物体的言语或身体攻击。
  12. 过度警觉。
  13. 注意力有问题。
  14. 过分的惊跳反应。

C. 这种障碍的持续时间(诊断标准 **B** 的症状)为创伤后的 **3 天至 1 个月**。

注:症状通常于创伤后立即出现,但符合障碍的诊断标准需持续至少 3 天至 1 个月。

D. 这种障碍引起临床上明显的痛苦,或导致社交、职业或其他重要功能方面的损害。

E. 这种障碍不能归因于某种物质(例如,药物或酒精)的生理效应或其他躯体疾病(例如,轻度的创伤性脑损伤),且不能更好地用"短暂精神病性障碍"来解释。

根据以上描述可以看出,ASD 和 PTSD 在症状层面非常相似,唯一重要的区别在于持续时间。ASD 的症状持续时间是限定在一个月内,而 PTSD 的症状持续时间可以是一生之久,即如果没有有效干预的话,可以一直存在。SITS 的症状同样可以持续很久,如果没有有效干预的话,患者可能一直在失能的困境中走不出来。SITS

与 ASD 的鉴别参见 SITS 与 PTSD 的鉴别,这里就不再赘述了。

四、SITS 和适应障碍的鉴别

DSM-5 中对适应障碍(adjustment disorder,AD)的诊断标准描述如下[①]:

A. 在可确定的应激源出现的 3 个月内,对应激源出现情绪的反应或行为的变化。

B. 这些症状或行为具有显著的临床意义,具有以下 1 项或 2 项情况:

1. 即使考虑到可能影响症状严重度和表现的外在环境和文化因素,个体显著的痛苦与应激源的严重程度或强度也是不成比例的。
2. 社交、职业或其他重要功能方面的明显损害。

C. 这种与应激相关的症状不符合其他精神障碍的诊断标准,且不仅是先前存在的某种精神障碍的加重。

D. 此症状并不代表正常的丧痛。

E. 一旦应激源或其结果终止,这些症状不会持续超过随后的 6 个月。

标注是否是:

    F43.21 伴抑郁心境:主要表现为心境低落、流泪或无望感。

---

① 美国精神医学学会编著.精神障碍诊断与统计手册(第五版)[M].张道龙,等译.北京:北京大学出版社,2015:278-279.

F43.22 伴焦虑：主要表现为紧张、担心、神经过敏或分离焦虑。

F43.23 伴混合性焦虑和抑郁心境：主要表现为抑郁和焦虑的混合。

F43.24 伴行为紊乱：主要表现为行为紊乱。

F43.25 伴混合性情绪和行为紊乱：主要表现为情绪症状（例如，抑郁、焦虑）和行为紊乱。

F43.20 未特定的：不能分类为任何一种适应障碍特定亚型的适应不良反应。

适应障碍一般指失恋、失业以后或在新的环境下，没有办法适应而出现的一系列情绪和行为层面的反应。通常在应激源的刺激停止以后，例如失恋又谈恋爱了，失业又找到工作了，即应激源不再是问题以后，患者在 6 个月之内得到恢复。

由此可见，SITS 和 AD 适应障碍的鉴别点有如下五点。

鉴别点 1　应激源属性

AD 所述的应激源可以是人际关系因素，如恋爱失败，也可以是环境性因素，如搬家、离职或来到新城市、另一个国家生活等。而 SITS 的长期压力事件或稻草事件往往是和当事人自己密切相关的，即事件或关系对自己的自我认知和自我看待造成了严重影响。

鉴别点 2　应激源出现之前的基础状态

AD 患者在应激源出现之前可能没什么问题甚至是完全正常的状态，只是在应激源出现之后，被应激源刺激到了，才出现各种各样的症状。SITS 患者是在长期压力下的亚健康状态下遭遇了稻草事件,就被压垮了,所以在可见的稻草事件之前已经状态不好了。

鉴别点 3 应激源消失后的时限内恢复

AD 患者在应激源消失后的 6 个月内症状完全消失,这也说明应激源对当事人的刺激程度是有限的,半年之内总归就好了。而 SITS 不仅是在长期压力之下,而且稻草事件对当事人的自我认知和自我看待都可能造成了严重冲击,以至于如果不接受专业的干预和治疗,恐怕几年之后都不一定可以自行恢复。

鉴别点 4 自我认知扭曲程度

SITS 患者的失能感反映出自我认知和自我效能的强烈萎缩,这种萎缩需要专业治疗进行扭转和修复,否则几乎无法自行修复,而是在漫长的时间里不断加重和退化。AD 患者几乎不会因应激源冲击造成对自我认知的严重负面影响。

鉴别点 5 有无自残和自杀

AD 患者在症状期间几乎不会达到自残或自杀的严重程度,但 SITS 患者会有,尤其是在父母等家人的催逼之下,更有可能采取极端行为。

五、 SITS 和发展性创伤障碍的鉴别

发展性创伤障碍(developmental trauma disorder, DTD)是指长期在危险、虐待或照顾不足的环境中成长,而出现情感、行为、自我、关系等方面的失调,以及一定的创伤后应激症状。

DTD虽然尚未被DSM收录,但精神心理健康工作者在广泛的临床工作中发现有些孩子的状况跟创伤有关,既不符合PTSD,又不符合C-PTSD,所以研究者们成立专家组,专项研究DTD,经过多年研究,整理出一个新的诊断,专门适用于这一类孩子。DTD具体特点如下。

特点1　创伤暴露

在儿童期或青春早期暴露在复杂创伤、逆境经历、有害的应激反应中,或暴露在多重受害、背叛性创伤或灾难性体验等情景中至少一年以上,受到严重暴力或受害,造成受伤的孩子与依恋对象的依恋关系断裂。

特点2　情感、生理失调

孩子表现出情绪管理方面的能力受损,具体表现为:无法调节或容忍极端情绪状态(例如,恐惧、愤怒、羞耻、悲伤,包括极端发脾气、制动);无法调节或从极端的身体状态中恢复,对触摸或声音的过度反应或过低反应,不明原因的身体问题,持续的睡眠或饮食障碍;对情绪或身体感觉的意识减弱或解离;描述情绪(述情障碍)或身体状态的能力受损;上述四项中需要同时出现三项。

特点3　注意力、行为失调

孩子表现为注意力无法持续集中,学习困难,应对压力不足,具体表现为:泛化感受到威胁,对于安全与危险的信号识别有困难;无法保护自己,可以有极端的冒险或寻求刺激的行为;自我安慰、安抚能力不足;习惯性或反应性自残;无法发起或维持以目标为导向的行为。

特点 4　自我、与他人关系失调

受伤的孩子可能在自我身份感和人际关系中出现困难,具体表现为:对照顾者的极端依赖,无法耐受分离;持续的极端消极自我认知,自我厌恶、怨恨或将自己视为受损或有缺陷的;在亲密关系中极度持续的不信任,蔑视或缺乏互惠行为;反应性的身体或言语攻击;心理边界缺陷(过度寻求亲密接触,或是依赖同龄人或成年人来获得安全或认可);失调的同理心唤起(对他人的痛苦不耐受,冷漠或反应过度)。

特点 5　创伤后谱系症状

受伤的孩子会在 PTSD 三大症状维度(闪回、回避、高度警觉)中至少两个维度上各有至少一个症状。

在上述五项特点症状中满足两项,持续至少六个月,且造成了严重的痛苦和在至少两个场景下的功能受损,就可以临床诊断为发展性创伤障碍。不同场景描述具体如下:

学校环境:成绩不佳,经常请假,违反纪律,辍学,无法完成学业,与同学、老师发生冲突,学习障碍,智力障碍。

家庭环境:和父母或兄弟姐妹发生冲突,回避,冷战,疏离,尝试在身体或情感上伤害家庭成员,无法履行家庭责任。

朋辈环境:独来独往,蔑视规则,与人冲突,回避冷漠,参与明显与年龄不相符的暴力危险行为。

法律方面:违反或多次违反法律,被拘留,被判刑,进监狱,违反保释规则或法庭禁令,持续加重的犯罪行为,无视法律或道德准则。

健康方面:无法解释的身体疾病,身体受伤或退化,消化系统、神经系统、生殖系统、免疫系统、心血管系统、本体感觉可能会出现状况,还有头痛、慢性痛和疲劳感。

职业方面:对工作和职业发展没有兴趣,无法持续工作,和同事、主管经常发生冲突,工作状态低于能力状态,无法在工作中取得相应的成绩。

对于发展性创伤障碍,需要考虑的心理机制包括以下五点。

心理机制1　被剥削感

作为恶性事件的受害者,孩子会主观感受到或无意识中有心理或生理上的被剥削感。这种被剥削感就好像有一种东西是自己本该拥有的,但不知为何被剥夺掉了,不再拥有或从未拥有。比如生理上的睡眠障碍,从小就睡不好觉,也找不到具体的躯体原因;比如心理上的缺乏或没有安全感,从小就没有安全感,从来没有体会过什么是安全感,但会有不安全的各种表现。

心理机制2　不安全感

一个受过创伤的孩子,尤其是受过重度创伤的孩子,其安全感的形成和发展几乎一定会受到阻碍。如果这种受伤是由核心依恋关系对象造成的,那就会对安全感造成致命的打击。

心理机制3　超出承受能力

当恶性事件或创伤事件发生时,孩子尚未具备承受这些事件所带来的冲击的能力,或者缺少适应恶劣情境的资源,以至于发生严重的创伤效应。

心理机制 4　发展受阻

孩子在尚未具备承受或加工这些冲击的能力时承受了这些冲击，会造成内在的自我发展受阻，具体包括情绪机能破坏、自我认知向负面发展、对世界的认知也会倾向于负面以及一系列行为的偏差。

心理机制 5　衍生继发的心理障碍

这种创伤效应一方面影响孩子每天的日常生活体验，另一方面也会对孩子日后的发展造成影响，甚至衍生出继发的心理障碍，如儿童创伤后应激障碍、儿童解离障碍、儿童破坏性行为障碍、儿童神经发育障碍、反应性依恋障碍等。这些症状都可能是发展性创伤带来的后果。

由以上阐述可以了解到 DTD 的心理机制特点，接下来将 SITS 和 DTD 进行对比鉴别。

鉴别点 1　事件属性

SITS 患者在发病之前所承受的事件属性一般属于压力型，而非创伤型。稻草事件之所以具有创伤效应是因为长期压力下造成当事人的承受力已经被严重削弱了，以至于当不具有明显创伤属性的稻草事件发生时，却可以带来创伤效应。DTD 患者所承受的事件还是具有明显的创伤属性，且常常与人际关系有关，尤其是稻草事件。孩子平时可能是被学习这件事压得厉害，产生了压力下的亚健康状态，但最后一根稻草往往是和人际关系有关，比如父母因孩子的成绩不好对其进行羞辱，老师因孩子的成绩不好对其表现出嫌弃、厌弃，同学们因他成绩不好，排挤他、孤立他等。

鉴别点 2　安全区域

SITS 患者在退回到安全区域后可以不体现 DTD 患者常有的任何其他症状，表现出好像什么事都没有发生的状态，只要不面对失能场景或关系，好像都挺好。

鉴别点 3　凸显与父母关系的张力

SITS 患者凸显出与父母关系的张力甚至是僵局或危机，主要是因为教育内卷推动下父母对孩子施加了太多的压力，SITS 倾向于把父母看成施害者或帮凶。DTD 患者在受伤后，对主要照顾者父母还是有很强烈的依赖感。

六、SITS 和抑郁症的鉴别

说到 SITS 和抑郁症到底有什么区别，家长们一定很有兴趣，因为他们实在不明白，为何孩子被诊断为抑郁症不上学后，还可以在家玩游戏，很开心很大声地笑，也不明白为何孩子被诊断为抑郁症不上学后，不但没有兴趣减退，反而有更多的兴趣爱好了，之前一直想要画的画、弹的曲子、看的电影、去看的博物馆都安排起来了，更不明白为何孩子被诊断为抑郁症不上学后，仍然可以睡得好、吃得香。可是尽管这样，只要一提到回学校，孩子马上整个人都不好了，焦虑、失眠、浑身疼痛，茶不思饭不想，情绪低落暴躁，动不动还要割自己一下，割了还不够，还威胁父母要自杀。

到底这个孩子是抑郁了，还是受伤了？我们需要系统地分析一下。

根据 DSM-5,抑郁症的诊断标准如下[①]:

A. 在同样的 2 周时期内,出现 5 个或以上的下列症状,表现出与先前功能相比不同的变化,其中至少 1 项是 1. 心境抑郁或 2. 丧失兴趣或愉悦感。

注:不包括那些能够明确归因于其他躯体疾病的症状。

1. 几乎每天大部分时间都心境抑郁,既可以是主观的报告(例如,感到悲伤、空虚、无望),也可以是他人的观察(例如,表现流泪)。

注:儿童和青少年,可能表现为心境易激惹。

2. 几乎每天或每天的大部分时间,对于所有或几乎所有的活动兴趣或乐趣都明显减少(既可以是主观体验,也可以是观察所见)。

3. 在未节食的情况下体重明显减轻,或体重增加(例如,一个月内体重变化超过原体重的 5%),或几乎每天食欲都减退或增加。

注:儿童则可以表现为未达到应增体重。

4. 几乎每天都失眠或者睡眠过多。

5. 几乎每天都精神运动性激越或迟滞(由他人观察所见,而不仅仅是主观体验到的坐立不安或迟钝)。

6. 几乎每天都感到疲劳或精力不足。

7. 几乎每天都感到自己毫无价值,或过分的、不适当的感到内疚(可以达到妄想的程度,并不仅仅是因为患病而自责或内疚)。

---

① 此处列出的是 DSM-5 中重性抑郁障碍的诊断标准,重性抑郁障碍代表了抑郁障碍的典型疾病。参见:美国精神医学学会编著.精神障碍诊断与统计手册(第五版)[M].张道龙,等译.北京:北京大学出版社,2015:154-155。

8. 几乎每天都存在思考或注意力集中的能力减退或犹豫不决(既可以是主观的体验,也可以是他人的观察)。
9. 反复出现死亡的想法(而不仅仅是恐惧死亡),反复出现没有特定计划的自杀观念,或有某种自杀企图,或有某种实施自杀的特定计划。

B. 这些症状引起有临床意义的痛苦,或导致社交、职业或其他重要功能方面的损害。

C. 这些症状不能归因于某种物质的生理效应,或其他躯体疾病。

由此可见,抑郁症有如下六大特点。

特点1　持续的情绪低落

抑郁症的情绪低落绝不是三天两天就结束了,也不是什么好事喜事可以轻易改变得了的,抑郁者或许可以短暂地开心下,但很快就再次陷入低落的情绪中,很难走出来。

特点2　泛化的负面思维

抑郁症的负面思维是指看什么人、什么事都带着负面的滤镜,泛化地影响了当事人生活中方方面面的状态。因为负面,所以低落;因为负面,所以没有兴趣热情;因为负面,所以没有动力;因为负面,所以没有盼望。

特点3　显著的兴趣减退

之前感兴趣的事情,现在不那么感兴趣了,甚至完全不感兴趣了。兴趣是调动思维、激发动力、付诸行为的重要因素。如果兴趣没了,整个人就像错位的齿轮,转不动了。

特点 4　普遍的动力不足

动力需要情绪和兴趣作为推动力。如果情绪低落,兴趣减退,动力自然会不足。

特点 5　广泛的行为退缩

没有了情绪、兴趣和动力,可想而知,行为会退缩,什么事情都不想干,什么人都不想见。

特点 6　强烈的无助无力

当人无法行动,很多之前想做的事情也做不来了,很多目标也没法实现了,就会自然产生无助感和无力感。

SITS 与抑郁症的鉴别参见第二章 SITS 与抑郁症共病的鉴别点(第 42 页),这里就不再赘述了。

七、SITS 和人格障碍的鉴别

一直以来,创伤问题和人格问题都紧密相关。创伤造成的情绪不稳、认知扭曲和行为变异经过多年的强化和固化,慢慢发展成为人格问题的基础。因此,如果孩子在较小的时候受到创伤,就要关注是不是会在后续发展出人格方面的问题。不管是 C-PTSD,还是 DTD,都在创伤发生多年之后有很大可能性发展出人格障碍。如 C-PTSD 和边缘型人格障碍(BPD)就有诸多重叠症状；DTD和对立违抗障碍（ODD）关系密切，而ODD后来发展成为人格障碍的概率非常大。

美国DSM-5中对人格障碍（personality disorder，PD）的界定是"明显偏离了个体化文化背景预期的内心体验和行为的持久模式，是泛化的和缺乏弹性的，起病于青少年或成年早期，随着时间的推移逐渐变得稳定，并导致个体的痛苦或损害"。

《中国精神障碍分类与诊断标准》（CCMD-3）将人格障碍界定为"人格特征明显偏离正常，导致患者形成了一种一贯的反映个人生活风格和人际关系的异常行为模式，这种模式显著偏离了文化背景和大众的一般认知（尤其在待人接物方面），明显影响了个体的社会功能与职业功能，造成对社会环境的适应不良，患者为此感到痛苦，并已具有临床意义"。

人格障碍者虽无智能障碍，但适应不良的行为模式却难以矫正，只有少数患者在成年后可有一定程度的改善。

关于人格障碍的分类，CCMD-3中分为偏执型人格障碍、分裂样人格障碍、反社会型人格障碍、冲动型人格障碍、表演型人格障碍、强迫型人格障碍、焦虑型人格障碍、依赖型人格障碍、其他待分类的人格障碍。

DSM-5中的人格障碍分类是按照不同障碍的特点进行分组，分别是A组人格障碍——古怪组，B组人格障碍——戏剧化组和C组人格障碍——焦虑组。具体阐述如下：

A组人格障碍——古怪组　猜忌、怀疑、古怪，很难与别人建立起良好的人际关系；思维不符合常理，导致行为古怪，难以理解。A组人格障碍具体包括：偏执型人格障碍——猜疑和偏执；毫无根据地怀疑别人，总认为别人要害他。分裂样人格障碍——怪和冷；观念、行为和外貌装饰奇特，与众不同（怪）；对人、对己情感冷漠,明显缺乏人际关系;冷淡,冷漠(冷)。分裂型人格障碍——怀疑和妄想,与社会隔绝;在交往、想法、行为甚至穿着上古怪、奇异。

B组人格障碍——戏剧化组　自我中心;往往表现出不适当的、极端的行为,很难遵守社会规范或法律准则;情绪、行为缺乏稳定的模式,难以预测。B组人格障碍具体包括:反社会型人格障碍——动机不足的反社会行为,缺乏道德感以及对他人的责任感,情感贫乏;行为不符合社会规范。边缘型人格障碍——情绪不稳定,行为模式混乱、难以预测,自我意象不稳定,人际关系特别是性关系混乱不定;处于危机状态、濒临状态和两极状态。表演型人格障碍——以夸张的方式来表达自己的感情;爱慕虚荣,以自我为中心,总是花很多精力、很多钱来打扮自己;过分感情用事,过分夸张言行,着装艳丽以吸引他人注意,情绪体验肤浅,易转移。自恋型人格障碍——不合逻辑地夸大自己的重要性,缺乏对他人的敏感和同情;常常认为自己的才能没有得到充分的发挥;过分自恋,常常嫉妒他人或认为他人嫉妒自己,表现为高傲、傲慢的行为或态度。

C组人格障碍——焦虑组　常常和焦虑情绪为伴,自信心较低,很难做决定;通常表现出对道德规范的过分关注。C组人格障碍具体包括:回避型人格障碍——回避人际交往与人际关系;有强烈的、无法克服的社交焦虑以及对拒绝的恐惧,自尊低,最大的恐惧就是被拒绝。依赖型人格障碍——对于自立以及承担责任有不可克服的焦虑;需要大量陪伴;很不自信。强迫型人格障碍——必须按照某种规则把事情做到"恰到好处";过分谨小慎微,严格要求,完美主义,内心有不安全感。

由以上描述可见,人格障碍的共同特点包括以下六点。

特点 1　明显偏离

每个文化中都有约定俗成的一些规则、标准和人们以此产生的期待。如果一个人的行为模式明显偏离了这个规则、标准和共有期待，就会被认为"不正常"。人格障碍的首要特点就是明显偏离了所在文化的常态，给人感觉"不正常"。

特点 2　持久模式

这种"不正常"的思维、情绪情感和行为模式不是只存在一天、一周或一个月，而是持续存在，持久存在，至少一年以上。

特点 3　固化模式

从神经科学角度来讲，一般一个"三个月"可以形成一种比较固化的模式，两个"三个月"的话，这种模式就会更加固化，四个"三个月"，也就是一年时间，这种模式会固化成为条件反射，达到很难改变的程度，即看到或遇到一个场景，会很自然地以固化的模式进行反应，且无法接受别人提醒而意识到问题，更无法改变。

特点 4　泛化模式

这种固化的模式不仅存在于某一个方面、某个领域、某件事情或某段人际关系上，而且是广泛存在于大部分甚至任何事情或关系上。这就是泛化的意思。

特点 5　不适应性

因着这样"不正常"却又难以改变的思维、情绪情感和行为模式，当事人会在生活场景、工作场景、家庭场景都体现出不适应性。

这种不适应性或给自己带来痛苦、或给身边的重要他人带来痛苦。

特点 6　很难改变

如果自己已经感觉很痛苦了,如果已经让爱的人很痛苦了,按理说,应该会很努力去调整或改变。但对于人格障碍者来说,要么改变太难了,要么根本不想改变。因为如果自己不痛苦,对他人痛苦也无动于衷的话,就不会有改变的动机和意愿。

每种人格障碍都有对应的症状表现,成因也很可能各不相同,但这些人格障碍的共同点是可能都有遗传因素,并且对于他们的个性形成有着很深刻且长时间的影响。让他们产生人格障碍的原因、问题可能在童年早期就已经出现了,同时还与神经系统、家庭关系、社会因素和儿童期教育的缺失有关系,也可能有创伤经历。

基于以上对人格障碍的描述,我们来鉴别 SITS 和人格障碍(以下简称为"PD")。

鉴别点 1　是否有明显偏离

PD 患者会表现为明显地、泛化地偏离文化背景下约定俗成的规则和期待。而 SITS 患者可能会在创伤相关的场景或关系中体现出偏离期待的反应,但在非创伤相关的领域,不一定会有明显偏离文化期待的反应。

鉴别点 2　是否固化

PD 患者在这些偏离上已经固化,很难改变。而 SITS 患者一般来说尚未固化,但有固化的发展趋势。

鉴别点3　是否有安全区域内的正常功能

PD患者很难有安全区域和非受损的功能状态，受损的功能几乎在全领域中都有体现。而SITS患者可以有明显的安全区域，比如在自己家里或在自己房间里，都可以是安全区域，且可以有正常的功能状态，可以正常吃饭、睡觉、玩耍，有些还可以与父母正常交流。

鉴别点4　是否有泛化的刺激因素

PD患者很明显会受到各种各样的刺激因素的影响，受到刺激之后就会有非适应性反应表现出来，体现出不适应的特点。而SITS患者的刺激因素可能局限在和创伤事件、压力事件或稻草事件相关的领域，而非泛化。

鉴别点5　疗愈难度

PD的治疗难度极高，甚至终生无法完全缓解。而SITS在发病初期有很好的治疗机会，尽早干预可以达到好的治疗效果。虽然可能也需要很长时间，但可以有很好的治疗效果。

对于SITS青少年来说，在发病之前，他们会很努力地默默承受压力和痛苦，即使在外部看来他们是正常的，但其实内在已经危在旦夕。家长让他们去做作业，他们说好的，就去做作业；老师让他们专心听讲，他们说好的，就专心听讲；同学们让他们参与活动，他们说好的，就去参与活动。他们是"好好先生"，但处于很大的压力之下，不知道哪一天可能就会突然承受不住，即使是一件很小的事情都可以让他们爆发。如果不能及时发现他们受压过重的情况，就迟早会经历爆发这一刻。

第五章

创伤的相关治疗方法

创伤的相关治疗方法

了解了 SITS 到底是什么样的病症，也明确了它和其他病症的区别，接下来我们来聊聊如何治疗。

创伤问题的治疗方法多种多样，各有不同的适用性。找到适合的方法能使治疗事半功倍。相反，如果方法不得当，恐怕是事倍功半。我们要评估一个创伤治疗的方法是不是好的方法，可以从以下八个维度来看待。

维度 1　是否直接处理创伤事件记忆

虽然从成年人的观点来看，孩子并没有经历什么重大创伤事件，更别提什么创伤记忆，但是从受伤者孩子的角度来说，他就是有创伤记忆，而且可能不止一次。不管是在课堂上被老师狠狠地批评，被同学们冷嘲热讽，还是被爸爸教训一顿，被妈妈逼着去上学……这些事件都可能成为孩子持续承受了重大压力之后压垮孩子的最后一根稻草，也称为"稻草事件"。

在人的大脑中，这种创伤记忆是有登记的，这种登记的创伤信息一直在影响孩子。所以，如果不把大脑登记的这个创伤记忆信息改掉，治疗就是治标不治本。虽然在外在行为上看到孩子有改善，有行为上的进展甚至是突破，但如果一直都是在创口外围处理，而没有直接针对创伤事件和记忆处理，就有可能在一个类似创伤环境的刺激之下被打回原形。

维度 2　是否关注到给创伤事件的受害者赋能

受害者就是发生创伤事件（稻草事件）当时的那个自己。因为当时，当事人无法承受这个创伤事件，所以本来不应该是创伤事件的事件对当时的自己来说却产生了创伤效应。我们把当时的那个受伤的自己叫做受害者，这个受害者的头脑中登记了创伤记忆信息。想要去改变创伤记忆，必须让这个受害者有力量起来，让承受力被建立起来。只有受害者有力量了，才能让登记了的创伤信息重新登记为非创伤信息。因此，赋能给受害者成为改变创伤记忆的关键，也是后来康复的关键。

维度 3　是否全方位提升情绪、认知和行为

情绪、认知和行为在受到创伤之后都会发生微妙的变化。这种变化不一定被当事人觉察，却可以多少被当事人身边的人觉察。解决创伤问题不只是解决情绪问题，还有认知和行为。一个无法承受创伤事件的孩子，可能会有针对事件的偏差认知，"这个老师在全班同学面前羞辱我，这个老师太坏了""我爸爸打我，因为我爸爸讨厌我，我没有价值""我的同学们都看不起我，我在他们面前永远也抬不起头来""我一辈子都会毁在我妈手里"，这些认知带有极端性和以偏概全或由事及人的误导性。

一个孩子受伤之后，行为也会有改变。非常典型的一个改变就是退缩行为。不上学，不社交，甚至不出门。与之前的同学和朋友都不联系，甚至拉黑了，跟父母的相处也有很大的障碍，甚至吃饭都在自己房间里，不离开自己房间，也不和父母交流。这些认知和行为的问题都需要解决。

维度 4　处理创伤的衍生效应

创伤的衍生效应是指,受到创伤之后所产生的情绪、认知和行为在事后很长的岁月里潜移默化地严重影响着当事人生活的方方面面,却常常不被当事人所觉察。具体包括怨天尤人、受害者情结、过度敏感、信任感降低、泛化的敌意、迁怒于人、安全感危机、过度自我保护和退缩行为等。

怨天尤人　因为受伤,很容易抱怨客观条件,抱怨老天不公,很容易对人产生不满情绪,呈现出怨天尤人的特点。也因为常常抱怨,很难生发感恩之心,所有对他的好都被视为理所当然甚至是远远不够。

受害者情结　受伤的孩子特别容易归罪于父母,声称都是父母害的。不可否认,孩子受伤,不管是哪种情形,父母都有一定的责任,要么是没有照顾好的责任,要么是没有培养出承受力的责任,甚至是直接施害者的责任等。但当孩子把责任越是归咎在父母身上时,就越会觉得自己委屈,越会失去为自己承担起疗愈责任的能力和力量。

过度敏感　因为受伤,所以敏感到草木皆兵,觉得到处都是要伤害自己的人。这种过度敏感是因为大脑神经系统登记了创伤信息后,就把所有跟创伤相关的要素都登记为危机信号,任何危机信号出现时,就会有过度反应。

信任感危机　因为受伤,所以很难信任他人。听上去好像合情合理,但如果连对人基本的信任都无法产生,就会在人际关系里很累、很辛苦、很麻烦。

泛化的敌意　因为受伤,所以对人有泛化的敌意,觉得谁都要伤害他,就先入为主地产生敌意,而且是不知不觉地。这种不知不觉的敌意在被提醒之后,忽然意识到自己毫无理由针对对方,因为对方并没有任何要伤害自己的迹象。如果有,也是自己过度解读。更困难的是,有些受害者就算被提醒,都无法理性认知到对方并不是要伤害自己,固化地认为对方有恶意,无法化解。

迁怒于人 因为泛化的敌意,就会让很多人被错配了敌意,受到了错配的怒气,意即本该是对施害者的怒气,却被受害者迁移到了不相关的人身上。这种迁怒常常是在不知不觉中发生的,冤枉了他人,却不自知。

安全感危机 因为受伤,对自己产生不确定感,对他人产生泛化的敌意,造成安全感危机,好像到哪里都不安全,无法保护自己,也无法防范他人。

过度自我保护 因为安全感危机,就会很自然地过度自我保护。相对于生死存亡的危机,好像再怎么保护自己都不为过,但现实情况是过度自我保护造成了严重的资源消耗和精神紧张,也造成了与人之间无法逾越的隔阂,甚至造成很多机会的错失和很多美好的错过。

退缩行为 因为安全感危机和过度自我保护,很自然就会有退缩行为。本该属于自己的机会不敢争取,本该享受的美好经历不敢触碰,本该实施的自我探索无法实施。

以上九种创伤的衍生行为能够被处理和疗愈,也是评估治疗方法好不好的关键。

维度 5 是否关注功能康复和技能训练

功能康复和技能训练是评价一个创伤疗法好与不好的另外一个维度,解决了创伤综合征的症状问题,也解决了创伤的衍生效应,就结束了吗?疗过伤了就可以出门了吗?回去上学或上班？恐怕还不够。一头再勇猛的野狮受伤后被关在笼子里疗伤，一年之后再被放出笼子，恐怕也不能马上跑起来。

有很多孩子疗过伤还是不能出门，因为功能和能力还没有恢复。所以好的创伤治疗方法不但要有针对症状的治疗部分，还要有针对功能恢复的康复部分。如何恢复正常作息（生病期间不上学，很难保持正常作息），如何恢复久未使用的记忆力和注意力，如何恢复自我语言表达能力和与他人的交流能力，如何恢复情绪的觉察和管理能力，如何恢复与他人的人际交往能力，如何提升承受压力的能力，如何训练生活的能力，这些功能恢复和能力训练就是康复目标，需要通过专业治疗或训练达成。

维度6　是否需要来访者完成大量的治疗作业

有一些创伤的治疗方法需要孩子配合写治疗作业。比如"我今天心情怎么样""我心情有几分好""我为什么心情不好，发生了什么事情""我用什么样的方法去应对""怎么样应对""用了这个方法之后我的心情有几分好"，用类似这样的问题来记录孩子治疗的过程。不可否认，这些问题和记录对孩子的确有帮助，可以帮助孩子看到自己成长变化的过程，哪些地方还没有突破，哪些地方正在发生突破，哪些地方尚未发生突破。可是，问题是这些孩子受过伤，连上学都不愿意上，连出门都不愿意出，哪还有力量和心情做这些治疗作业呢？一谈上学或做作业就色变的孩子，至少在开始阶段几乎无法完成这些治疗作业，甚至每次写治疗作业，都会让他情绪穿越到在学校的创伤场景，觉得"就是因为我没写完作业，我的老师才会在全班同学面前骂我"。在这种情况下，治疗作业不但帮不到孩子，情况恐怕会更加糟糕。

维度 7　治疗周期长还是短

如果创伤治疗的治疗周期很长很长，对来访者来说估计会比较难配合。除非可以边治疗边显出治疗效果来，让来访者不断看到疗愈的希望，不然来访者无法建立起对治疗的信心和盼望的话，就很容易脱落。

那么治疗周期多长算长，多短算短？

笔者基于个人经验认为，三个月是心理治疗通常的治疗单元。如果按照每周一次的治疗，那么三个月大概就是十二次治疗。在十二次治疗中，一般来说可以看到怎样的效果呢？具体包括：来访者与咨询师或治疗师建立比较信任的咨访关系；来访者看到咨询师或治疗师有治疗这种问题的经验；来访者感受到咨询师或治疗师带来的安全感；来访者的情绪基本稳定（必要时需要药物配合）；来访者能够在当前的生活中找到个人内在的积极资源，并且借着这些资源可以提升内在力量，借着提升了的内在力量可以做一些力所能及的事情，借着可以做到的事情重建自我价值感等。如果在三个月的时间里可以达成以上目标，就已经很不错了。这是后续治疗的基础。

一般来说，第二个"三个月"是借助第一个治疗周期打下的基础初步触碰创伤问题，使受伤者以循序渐进的方式暴露在通过意象法重新构建起来的创伤场景。一边暴露，一边巩固内在力量，使得暴露在创伤场景下的过程越来越不会造成现实生活的失能感。第三个"三个月"是彻底疗愈创伤，让创伤记忆重新登记为非创伤记忆。借此，将创伤事件画上句号。第四个"三个月"是功能康复和技能训练。这是标准的一年治疗周期，如果情况进展顺利，可以在九个月左右完成整个治疗过程。最快的案例可以在六个月完成。所以通常我们说，治疗周期是

6—12个月。

维度8　不同年龄段和不同文化背景下是否具有通用性

治疗方法在不同的年龄段和不同文化背景下是否适用也是一个重要的考量标准。有些治疗适合未成年人,有些治疗适合成年人,还有些治疗不管成年人还是未成年人都适用。有些治疗适合在美国、加拿大、欧洲等西方世界,但不一定适合在中国使用。根据前文所述,中国青少年具有非常特异的压力特点,需要选择适合中国青少年的特异性治疗方法。

举例来说,目前存在的教育内卷情况有很明显的中国特色。内卷带给中国家庭、家长和孩子的压力不可估量,这种压力带来整个家庭动力系统的紊乱。在治疗过程中,如果孩子年龄小,还不到15岁,那么不可避免会涉及家长和孩子如何重新看待学习这件事。这不仅对疗愈有重要的促进作用,也对疗愈后的康复有重要意义,因为如果不能改变家庭动力系统,即便被疗愈,孩子还是处在这种压力环境下,面对压力又无力应对,那么恐怕会再次受伤,再次发病。

综上所述,用这八个维度来评估创伤治疗的方法是否有效、专业、全面,结合短期效果和长期效果的平衡。

接下来我们介绍一些目前针对创伤治疗的主流方法,具体包括眼动去敏感化和再加工疗法(简称"眼动疗法")、认知加工疗法、延长暴露疗法、辩证行为疗法、创伤聚焦认知行为疗法、复杂型创伤情绪聚焦疗法、应激接种疗法、叙事暴露疗法和正念认知疗法。

在以下介绍中,需要澄清的是:笔者对这些疗法只做尽量客观的描述,尽量不做主观评价,免得因个人对各种疗法的了解和经验不足给大家造成误导。

疗法一　眼动疗法

眼动疗法（eye movement desensitizing and reprocessing, EMDR）是一种可以在数次晤谈之后即可有效减轻心理创伤程度及重建希望和信心的治疗方法。在一次眼动疗法的治疗中，通常来访者被要求在脑中回想自己所遭遇到的创伤画面、影像、痛苦记忆及不适的身心反应，然后根据治疗师的指示，让患者的眼球及目光随着治疗师的手指，平行来回移动 10—20 秒。完成之后，请患者说明身心感觉。同样的程序再重复，直到痛苦的回忆及不适的生理反应被成功地递减甚至消失。

眼动疗法的基本理论假设为：人有内在的本能去平衡不幸事件所带来的冲击，并从中学习使自己成长，即自我疗愈，个体会产生具适应性的联结，能建设性地提取过去经验，并整合为正向的情感及认知基模。这种理论假设是否成立有待商榷。理论认为，疗法中让眼球有规律的移动，可以加速脑内神经传导活动和认知处理的速度，使阻滞的创伤记忆动摇，让正常的神经活动畅通。

眼动疗法的治疗程序包括八个阶段，分别为诊断、准备、评估、敏感递减、植入、观照、结束和评估反馈，每次治疗都可能重复上述过程，达成创伤反应递减和创伤记忆被改变的效果。应用在青少年治疗过程中，对于一些主动求助意愿不高或者过去信息收集困难的青少年来访者存在一定局限。

疗法二　认知加工疗法

认知加工疗法（cognitive processing therapy, CPT）是针对

PTSD 患者的实用性治疗方法。CPT 是一种循证疗法，专注于患者的认知和情绪，同时关注他们的行为和身体之间的联系。通过 CPT 可以更好地理解创伤事件难以痊愈的痛点以及它对日常生活的影响，从确定创伤对认知与思想的影响，再到感觉和行为层面。透过对思维方式的干预，帮助患者脱离创伤的黑洞。涉及的主题包括：创伤事件的意义，识别想法和情绪，信任问题，安全问题，控制问题，尊重问题，亲密关系问题。治疗形式有一对一的个体治疗，也有团体治疗。

CPT 在很大程度上以贝克的认知疗法为基础，对包括抑郁症、焦虑症和精神病在内的多种疾病有效。CPT 可用于仅接受过有限的正规教育的来访者和智商低至 75 的来访者。CPT 治疗包括暴露治疗和认知治疗，治疗过程涉及作业和写作，若患者存在难以阅读和写作的障碍就无法接受治疗。来访必须谈论他们的创伤经历，如果来访不能接受回忆带来的痛苦或不信任治疗师，也很难完成治疗。

疗法三　延长暴露疗法

延长暴露疗法（prolonged exposure，PE）强调成功地加工创伤性的记忆对 PTSD 症状的改善起核心作用。PTSD 的内在恐惧特点是数量巨大的刺激因素错误地与危险的意义相连接，进而唤起生理反应和行为趋向，表现出 PTSD 的症状。个体在创伤中如何表现、他们随后的症状、对 PTSD 症状的消极解读都与自我不能胜任感相关联，觉得"这个世界是完全危险的""我完全无法应付这个危险的世界"，这些认知会进一步加剧 PTSD 的症状，而症状的加剧反过来又会强化错误的认知。PE 可以帮助来访者面对安全但会引发焦虑的情境，以此来克服他们过度的害怕和焦虑。治疗 PTSD 的延长暴露法通过激活恐惧结构来工作，通过想象和实地暴露，患者有意地面对创伤相关的想法、画面和情境，领悟到他们关于自身和世界的看法。

PE 的治疗过程包括关于"创伤的常见反应"的教育，呼吸训练法，重复进行情境或物体的实地暴露，重复进行创伤记忆的延长想象暴露。延长暴露疗法的主要风险在于治疗过程中来访者如果还没有得到足够的赋能，在面对创伤画面、记忆和情境时会产生情绪痛苦甚至崩溃。

疗法四　辩证行为疗法

辩证行为疗法（dialectic behavioral therapy，DBT）是在传统认知行为疗法的基础上发展而来的一种新型认知行为治疗方法，旨在指导来访者学会如何才能改变那些导致痛苦和压力的行为、情绪和想法。治疗形式包括个体心理治疗、团体技能训练和电话指导。个体治疗涉及评估和解决技能缺失、动机问题以及使来访者产生适当的自我效能感；团体技能训练涉及四个技术单元，分别是人际效能技术、情绪调节技术、耐受痛苦和正念技术；电话指导是指来访者可以在治疗期间限时限次联系治疗师，提高个体将所学技能应用到日常生活中的能力。

疗法五　创伤聚焦认知行为疗法

创伤聚焦认知行为疗法（trauma-focused CBT，TF‐CBT）可以理解为认知行为疗法 CBT 应用于创伤领域的进一步发展。与传统的 CBT 相比，TF‐CBT 会更多地运用暴露疗法的基本原理。同时，在创伤聚焦治疗过程中，心理干预将主要集中在对创伤记忆及其意义的探讨上。

TF-CBT在实际治疗过程中有着不同的运用模板，其中应用最广泛的模板是PRACTICE模型，即心理教育与亲职训练(P)、放松训练(R)、情绪调控训练(A)、认知应对训练(C)、创伤复述与对创伤经验的认知加工(T)、创伤线索暴露(I)、亲子联合治疗(C)、促进安全与未来发展轨迹(E)。可以将PRACTICE模型总结为建立治疗背景、打开心房、治疗伤口以及伤口的缝合与祛疤。当然，并非所有使用TF-CBT的研究都完全依照PRACTICE模型，但它们均包括对创伤记忆的处理、认知重构、复原导向的应对策略、放松技术、焦虑管理技术、想象或现场的创伤暴露以及结束时对干预外生活情境的迁移等，其主要内容是基本一致的。

疗法六　复杂型创伤情绪聚焦疗法

复杂型创伤情绪聚焦疗法(EFT for complex trauma, EFTT)是情绪聚焦疗法针对创伤的系统治疗方法。该疗法是一种过程导向的、体验式的心理治疗，主要针对情绪失调进行工作。当个体从觉察情绪开始，逐步探索和激发情绪，最终达成情绪的转化，就可以从困境中走出来。在运用该疗法时，治疗师对来访者情绪的感知如同中医把脉，治疗师情绪感知的"手指"始终感应着来访者的情绪脉搏，来访者当下每时每刻变动的感受被视为理解其经验的信息来源。EFTT通过处理以前受阻的适应性情绪并从这些情绪提供的信息中创造新的含义来促进变革。

复杂的创伤涉及反复暴露于暴力和背叛信任，通常是在与依恋对象的关系中。在任何年龄，照顾者和亲人手中的虐待和忽视都是毁灭性的,但当这些经历发生在童年时期时,它们会对发育产生有害影响,并导致一系列长期影响。EFTT 重点解决自我内在关系,将自我批评过程产生的内疚、羞耻和自责转化为治疗的延续。除非来访者对自己更有同情心,否则他们将无法维持健康的关系。一旦发展出更强的自我意识,完整的体验和悲伤的表达往往伴随着对他人的愤怒和怨恨的过程,通过悲伤和悲伤解决创伤是通往治愈的必经之路。

疗法七　应激接种疗法

应激接种疗法(Stress inoculation therapy, SIT)是一种全面覆盖认知、情感、行为方面的治疗青少年创伤综合征的方法,该治疗方法可以有效地处理创伤和创伤的衍生影响,其最终目的是缓解来访者对创伤的再现和回避现状。具体方法包括概念化、技能获取及练习、应用和后续跟进等三个阶段。

概念化阶段涉及与来访者建立合作关系,讨论来访者与压力有关的问题和症状,以访谈、问卷调查、自我监控程序、基于图像的技术和行为评估的形式收集信息,评估来访者对培训计划有效性的期望,制订治疗计划,建立短期、中期和长期目标,教育来访者压力和应对的交易性质,并考虑认知和情绪在产生和维持压力方面所起的作用,为来访者的压力反应提供一个概念性模型或重新概念化,以及预测可能造成病人抵抗和治疗不依从的原因。技能获取及练习阶段的目标是确保来访者有效执行应对反应的能力。具体内容包括放松训练,认知策略,解决问题的培训以及自我指导训练和引导自我对话等。应用和后续跟进阶段的目标是鼓励来访者在日常情况下实施应对反应,并最大限度地提高普遍改变的激活水平。具体内容包括意象练习、行为排练、角色扮演、模拟、内部分级暴露、复发预防以及跟进和将训练延伸到未来等。

疗法八　叙事暴露疗法

叙事暴露疗法（narrative exposure therapy，NET）侧重于将创伤暴露嵌入称为"生命线"的自传体背景中，以情绪加工理论和双重表征理论为依据，通过叙事的形式降低创伤相关生活事件的唤醒程度。创伤处理不是一个孤立的事件，而是嵌入在创伤事件和生命经历中，这是 NET 的一个重要特点。

治疗前，需要由专业人员对个体进行临床诊断与心理教育。NET 在治疗中引入"生命线"这一概念作为讨论创伤事件的第一步，使个体能够借助"生命线"重新构建生活故事，帮助个体树立自己的人生经历，构建完整的生命线。生命开始时就有一条生命线，由一根绳子及按时间顺序沿该条绳子排列的鲜花（快乐事件）和石头（创伤性事件）构成。在治疗阶段，按时间顺序关注一个人在他的生活中所经历的所有重要的创伤性事件（石头），循着生命线的发展，逐一叙述自己的一生，特别是创伤事件。当个体叙述了从出生到当下的全部重要事件后，治疗便接近尾声。

在治疗过程中，个体可能产生逃避、解离、羞耻等体验，甚至出现心悸、冒汗、血压升高等生理反应，因此治疗师在操作过程中需密切关注个体的反应，当个体承受不住回忆时，应适当放慢治疗速度。

疗法九　正念认知疗法

正念认知疗法（mindfulness-based cognitive therapy，MBCT）是

结合了正念和认知疗法的心理治疗方法，融合了传统的正念技巧与认知疗法中的认知重构和认知复原技巧，以促进个体对负面情绪和思维模式的觉察和理解。正念作为核心概念，是一种专注于当下的开放性、非判断性的觉知方式。它鼓励个体以一种宽容的态度，接纳自己当前的情绪、感觉和思维，而不是逃避或压抑它们。通过正念的实践，个体能够培养对内在和外在体验的觉知，增强自我认知，减少情绪波动，提高情绪调节能力。MBCT 的基本步骤包括觉知负面情绪和思维、接纳和非判断性、与情绪和思维分离和认知重构。

第六章

创伤预处理:
赋能系列技能

创伤预处理：赋能系列技能

既然 SITS 是一种非典型创伤，一种特殊类型的创伤，就需要根据它的自身特点针对性治疗。SITS 作为一种创伤综合征，说明患者在面对压力或挑战时已经有了一种失能感，再加上后来的稻草事件的压伤，就更加失能。因此，想要疗愈 SITS 患者，首先需要做的就是重新赋能，我们称为创伤的"预处理"，让失能的感受被打破，不然不管用什么方法，患者都可能以一种负面消极的态度面对，觉得"没用的，别白费功夫了""我做不到的""我一定会让你失望的""我一定会让父母失望的""我一定会让自己失望的""与其做了却做不到，还不如一开始就不去做，不给自己失望的机会"。

想要帮助失能的孩子，就需要给孩子赋能。

关于情绪能量，美国著名心理学教授大卫·霍金斯用他所研究得出的情感能量等级表告诉我们，羞愧的能量等级是 20，内疚是 30，冷淡是 50，而能量等级 0 就代表死亡。如果心中充满爱，以感恩的眼光看待周围美好的事物，都可以储蓄积极能量。可是，如果孩子受伤的心坎过不去，哪里能有真正的爱和感恩呢？

要想给 SITS 患者有效赋能，通常的治疗思维可能是告诉他"其实你可以的""其实你是可以克服困难的""其实你很厉害的""其实你很棒的""是你把这件事看得太严重了，其实没那么严重""你只要努力一下下就可以了"。这些思维、说法或做法都可能会以失败告终，徒劳无果，因为这些思维的前提都在向来访者传递一个信息,就是"你的受伤是没有道理的""你现在的状态是不应该有的""你不要在自欺和自怜中沉溺了"。这些否定的思维都将患者置于更深的无力和失能感中。

如何帮助孩子从抱怨、怨恨、苦毒中走出来,变得充满爱和感恩,这个过程的步骤次序就显得很重要。想寻找积极资源,利用一个人的生活、心理和神经系统中那些功能性的、有组织的和连贯的元素,来促进当下的积极状态,并通过调动那些进入意识的、积极的人生体验的记忆,促进自我安慰、放松和提高机能组织性来使身体、神经系统和社会关系更为稳定。

这些积极资源包括任何能给孩子带来能量的人,例如一个慈爱的祖父母、一位有经验的老师或者一位有智慧的咨询师或导师,都可能是积极资源。早期创伤越迁延日久,就越难找到人的资源,因为人经常被视为威胁的来源。对那些安全感不足的来访者来说,与动物、自然或信仰的连接会让他们感觉更安全,这是很正常的,因为任何一种连接都可以成为一种积极的资源。

关注积极的资源和相关的安全体验,建立和加强神经系统中的组织状态,强化功能的渐进性增强,一步一步帮助来访者把他们的注意力从只关注那些在他们生活中功能不良的事情上转移开来,鼓励他们关注那些他们觉得有连接和有组织的经验领域。

真正的赋能是在当事人现有的状态之下,以接纳他的所思所想所存在状态为前提,跟他进行同频共振式的共鸣,借着这种共振的力量冲破困境的围圈;再借着这股冲劲,找到当下有兴趣又做得好的事情进行目标达成训练;借着达成目标提升自我效能感、成就感和价值感,形成良性循环,以至于在擅长领域的效能感、成就感、价值感可以逐渐跨界到不太擅长的领域,继续克难制胜,在不断克难制胜的过程中体验纠正认知、纠正情绪,进而发展纠正行为，这就是赋能的一系列操作。

据此，我们总结归纳出对孩子赋能的治疗七大步骤如下：

步骤一：打破阻抗，建立基本信任关系
步骤二：反映倾听，了解事件基本信息
步骤三：打成一片，建立深度黏附关系
步骤四：为他代言，共振孩子内心世界
步骤五：寻找资源，梳理背后心理逻辑
步骤六：渐进跨界，重建自我效能感
步骤七：反复挑战，重建或超越自我

步骤一　打破阻抗，建立基本信任关系

怎样打破阻抗，建立和孩子的信任关系，可以从家长和咨询师两个视角来详解。

家长视角

青少年最常见的感受就是不被理解。十位青少年来访者中，估计会有九点九个孩子都认为自己不被理解，因为只要一说到一些有反常规的话题，就会被家长迅速制止，强力镇压。时间久了，孩子已经根深蒂固地认为无法得到家长的理解，也放弃了想要被理解的努力，但心里还是有被理解的渴望。

家长们或许已经很努力地去理解孩子，但一方面找不到方法改进沟通交流的效果，另一方面家长的角色本身也决定了无法真正走进孩子的世界，理解他们，体谅他们，因为仿佛一旦理解了他们，就会失去作为家长的立场，就会失去作为家长的理性，就会失

去作为家长的远见,而家长对自己角色责任的认识决定了自己不可以这样,难道"孩子不懂事,我作为家长也不懂事吗""孩子没有远见,我作为家长也没有远见吗""孩子感情用事,我作为家长也感情用事吗""不行,我得为孩子着想,纠正他的不良倾向,以保证他以后的日子好过一些"。

恰恰是这种心态,让家长和孩子之间好像永远有一道无法逾越的鸿沟。渐渐地,一听到孩子说起一些话题,比如染头发、晚归、早恋、喝酒、吸烟、玩摇滚、文身等,就会不自觉地在心里出现价值判断,而内心的价值判断或偏见是不可能不在语言或表情中露出蛛丝马迹,这些表现再怎么微妙都可以被敏感的青少年们捕捉到,记在心里,逐渐增强与父母的隔阂。这种隔阂如果不及时处理,久而久之,会形成"积怨",而积怨一旦形成,就会造成一谈就崩的局面,让家长束手无措。很多家长等到这种剑拔弩张或冷战到底的时候才来寻求帮助,已经很难处理。

笔者也是家长,很能理解同为家长者的立场和视角,但要问一句:这么多年以来,我们家长一直以为对的教养方法真的有效吗?

或许有家长会说,"有没有效现在还看不出来,我是在为孩子的将来打算"。

可是,如果现在的方法已经让你和孩子之间产生了难以逾越的鸿沟,那么真的还有将来可言吗?如果现在的方法已经让孩子对你产生了极大的反感、厌恶甚至怨恨,那么你所讲的道理、所做的事情再怎么对,恐怕都无法真正帮到孩子。如果我们家长一直如此努力在做的事情不但没有帮到孩子,还有可能伤到孩子,致使孩子不但不再理会父母,而且自身的自我身份感和价值感也有被剥夺的风险,那么家长是否会后悔莫及呢?

想要改变沟通方式,首先需要从认知上发生改变,即:

所有强加都可能带来孩子的反弹和反感心理,进而破坏关系。

我需要看重和孩子的关系胜过看重事情本身。

很多现在看来重要的事情到了以后说不定根本不重要。

我们家长或许有更多的人生阅历和经验,但不代表适合孩子。

我需要改换一种沟通方式,走进孩子的内心。

好的沟通方式一定需要我把自己先入为主的思想意识先放一放,多听听孩子的想法,多体会孩子的感受。

以上就是从家长视角分析和分享想要改变和孩子的关系首先需要达成的认知。

咨询师视角

建立信任关系始终是心理咨询首要的步骤。没有信任的咨访关系,恐怕咨询会受阻,咨询师无法走进孩子的内心。就算孩子因为家长的威逼利诱来咨询了,恐怕咨询效果也是微乎其微。

那些只顾给建议的咨询师恐怕就无法得到孩子的心。给建议这种做法常常是咨询师的一个"试探",给孩子的感觉就是"我知道你是怎么想的""这件事我比你懂""我的经验比你丰富""你听我的,准没错""你如果不听我的,就是自找苦吃",这些都是咨询师给孩子建议这种做法的话外音。对于一向被父母以此压制的孩子来说,这是最容易造成反感情绪的做法。

"给建议"不是绝对不可以。如果孩子在完全信任咨询师之后，非常希望知道咨询师怎么看待某件事，怎么处理合适，咨询师给建议的方式是要"亦步亦趋"，即在表达自己想法的时候不要一股脑地抛出来，而是密切注意对于自己说的每句话，孩子的反应是怎样的，他会如何看待你的看待，如何理解你的理解，如何反应你的反应。在此过程中仍然要充分体现对孩子的尊重、理解、接纳甚至是欣赏，这样给建议的方式才是造就孩子，是帮助孩子提升自我觉察，管理情绪，引导认知，进而指导行为。

建立信任的咨访关系需要咨询师首先站在孩子的视角，体会孩子的感受，尊重孩子的想法，借此打破孩子心理的阻抗，让后续的同频共振成为可能。孩子在面对咨询师时，可能会有各种各样原因的阻抗心理，如果阻抗心理无法打破，就无法进行后续工作。

阻抗原因 1：非自愿过来咨询　一般来说，青少年来咨询就诊都不是自己愿意过来的。他们因为各种各样的原因不愿意见医生或咨询师，但父母觉得孩子"病得不轻"，一定要来看医生，就使出浑身解数，威逼利诱，软磨硬泡，终于把孩子带过来了。在这种情况下，可想而知，孩子肯定是不愿意配合的。无论医生或咨询师说什么，孩子都不想讲，或敷衍了事，或根本不回答。

这时，咨询师最好的应对方式就是去理解和感受孩子被勉强过来咨询的心情和感受，"被勉强的滋味一定不好受吧""如果是我，我也会觉得难受""被勉强的时候会觉得不被尊重""我猜想在你的生活中被勉强的事情恐怕不止这一件"。这些话会让孩子感觉你不是站在父母那一边，而是站在他这一边，感觉距离拉近了一些之后，就有望打破阻抗。

阻抗原因 2：对咨询环境不满意　一般来说，咨询室的物理环境都还是不错的，有比较干净整洁的环境，加上舒适的沙发、养眼的绿植、明亮的视野,如果再加上一些小吃或零食就更棒了。但如果室内环境过冷或过热,灯光太刺眼,私密性不够,那么孩子也会觉得不舒服。

这时候,咨询师就可以询问说:"你觉得这个灯光刺眼吗""这个室内温度还可以吗""这个房间隔音还可以吗""你需要我把窗户关上吗",这些表达让孩子觉得你关注到了他的感受和需要。

阻抗原因3:对咨询师莫名不喜欢　每位咨询师都有自己的风格,不管是在外形方面,比如发型、胡子、长相、穿着、姿态和眼神等,还是在内在方面,比如性格、气质、语言风格等。如果让来访者联想到不喜欢的人,就很自然会对咨询师产生迁移过来的对抗,造成咨询受阻。

这时候,咨询师如果有所觉察,可以用一种幽默、诙谐、自嘲的方式试探着问来访者:"不知道我的胡子会不会吓到你""不知道你会不会介意男咨询师给你做咨询""如果你对我的表达方式有任何不适感,请一定让我知道,我可以做出调整"。这样的话术就会让孩子感受到你对他的尊重和看重。

阻抗原因4:对咨询师的沟通方式不满　很多孩子对别人如何称呼自己很在意。如果是不想要的称呼,就会很不满。比如有些孩子对自己的名字很不喜欢,也不喜欢别人叫自己的名字,每次被这样称呼都觉得很难受、很气,这可能和过去的不愉快经历有关。

这就需要咨询师在一开始就意识到这种可能性,进而在最开始就询问:"怎么称呼你呢""不知道怎么样称呼你合适""你希望我如何称呼你",这些表达都会让孩子感受到你顾及了很多细节。

阻抗原因5:过去不愉快的咨询经历　如果孩子来就诊咨询

前,家长已经提前告知咨询师孩子过去就医的不愉快经历,比如被医生评判、说教、指责、施压甚至被羞辱,都有可能造成孩子对医生深恶痛绝,这次能过来看医生,已经是奇迹。所以需要充分把握机会,消除孩子对医生先入为主的排斥和阻抗。

这时,咨询师可以巧妙带出对孩子这种经历的体谅,"我在想或许过去你已经看过很多医生或咨询师,但都没有得到很好的治疗,甚至有些医生让你受伤过。在这样的情况下,你今天还愿意过来见我,让我很感激""我想这对你一定不容易""需要鼓起很大的勇气""也期待我们今天见面的体验是不一样的"。

阻抗原因 6:觉得咨询师帮不了他　很多孩子不相信心理咨询师能帮得到他。不管是之前尝试过却无效,还是从认知上就不认可心理学,都会造成孩子对咨询师没信心,疲于应付。这时,咨询师可以适时表达对这种心态的理解,"我能理解或许你觉得我帮不到你这种心态""尤其是在过去咨询体验不佳的情况下,很自然会觉得咨询师都帮不了我""我也无法向你保证我可以帮到你""但从过去成千上万的来访者反馈来看,他们的体验还不错""期待我也可以帮到你""我也会尽我所能帮助你"。

阻抗原因 7:近期情绪状况不好　孩子可能最近在经历情绪低潮期,或者因为成绩不理想,或者因为考试压力大,或者因为和同学关系不好,或者因为和家长关系紧张,或者因为恋爱不顺利等,都可以造成情绪不佳。这时,孩子的阻抗并非因为医生或咨询师,而是自己状态不好。那么就需要咨询师会察言观色,将观察到的解读以合适的方式反馈给孩子,让孩子感受到你对他的关注,且是有边界感的适度关注,没有任何勉强和强加的感觉,"你的表情告诉我你最近心情不太好""我猜想你在这个年纪有压力的事情还蛮多的""而这些压力又不一定有人能理解""就算你尝试表达了,也不见得有人能听得懂"。这些话术都可以在一定程度上带来共情的效果。

阻抗原因8：病耻感　针对精神心理病症的"病耻感"在社会上仍然存在。不管是孩子自己,还是他们的家长,都会觉得精神心理的病症可以回避就回避,可以隐藏就隐藏,可以不说就不说。如果病入膏肓,不得不去看医生或咨询师,仍然是百般不情愿,觉得自己看了精神科医生或心理咨询师,就是"有病""疯子""脑子有问题",就是被嫌弃、被唾弃的对象,小伙伴都不愿意和自己一起玩了。

在这种情况下需要医生能够用小视频的形式解释精神科医生的功用,解释精神心理问题和通常人们口中所说的"有病""有神经病""有精神病"之间有何区别,解释病耻感对治疗带来的阻碍等,期待孩子看过之后可以澄清病耻感,进而接受治疗。

阻抗原因9：社交恐惧　如果孩子已经长期辍学在家,不但不出家门,连自己房间的门都不出,且长期不和人交流,连在网上都不和人交流,那么其社交功能必将受损。面对要出门见医生或咨询师这件事就更加恐惧,一听说要见医生,就顿时生发长期不见人而有的社交恐惧和不安。

对于这种情况可以考虑在家视频就诊甚至语音就诊。虽然视频语音就诊的形式让医生或咨询师收集信息的难度更大,但总比无法和孩子直接沟通交流要好,至少能收集到一些基本信息。

阻抗原因10：担心咨询费用　有些孩子很在意就诊咨询的花费高不高。如果得知诊费很贵,心里就会很有负担。要么是对金钱花费本身的负担,觉得给父母增加了压力;要么是经常被父母在金钱方面要挟,说孩子花钱很多,如果再加上诊费很贵,就更给父母要挟自己的把柄了。

这个工作需要家长给孩子做解释，让孩子明白，如果找到合适的医生或咨询师可以帮助孩子改善和疗愈，那么就诊花费就是值得的。

阻抗原因 11：认为自己没有病　当然，有一部分孩子也觉得自己根本没有问题，没病，是父母有问题，是他们应该看医生。这种情况存在于被父母长期不适当对待造成孩子对父母的情绪对抗，带来了认知上的偏差，意即想要把完全的责任加在父母身上。另外，也有可能孩子不是要怪罪父母，就是觉得自己没问题，不适应学校也不是自己的问题，是学校的问题，不适应社会也不是自己的问题，是这个社会有问题。

这种认知偏差常常不会在咨询初期纠正，因为在没有建立好咨访关系，没有将情绪很好的宣泄之前，这些理论是很难进入孩子内心的。

阻抗原因 12：害怕变化　还有一种情况，就是孩子害怕发生变化，就算现状很不理想甚至是困境，但至少是熟悉的场景、熟悉的状态、熟悉的感受。任何地方发生改变都会给当事人带来陌生感，这种陌生感带来的恐惧和痛苦要比熟悉感中的不适应性强烈得多。

这时候，咨询师一般采取的沟通策略是，"如果你不想做出改变，我绝不会勉强你""因为改变与否，这是你自己的决定""没有人可以为你做决定，也没有人有权利为你做决定""而且如果咨询师要冒进地把你带到一个陌生的境地，那也是经验不够，没有意识到需要循序渐进"。

阻抗原因 13：继发性获益　"继发性获益"这件事很微妙，说起来很清楚，就是当事人不想让自己的病好起来，因为在生病状态下,可以收获一些好处,比如不用上学,不用做家务,不用忍受父母的唠叨和压力,这些都是孩子看重的。但问题是,这种"不想好起来"到底是有意识的,还是无意识的?一般来说是无意识的,但如果被咨询师点破,当事人是可以意识到的。

这种情况下,咨询师仍然是尊重当事人想要保持的节奏,先以自我认识、自我了解和自我觉察开始着手,等到时机成熟了,心力恢复了,当事人自然想要改变。

阻抗原因 14:与父母对抗　有些孩子就是觉得咨询师或医生是父母找来的帮手,是站在父母那一边的。孩子可能会想,"平时和父母对抗,自己好像还稍占上风,但自从有了这个咨询师,好像就有点占下风,一定是这个咨询师给我的父母通风报信,把我所有的软肋都通报给他们,让我一个人蒙在鼓里。"

这种情况对就需要咨询师和孩子解释心理咨询的保密原则,让孩子知道咨询师是站在孩子一边的,是首要为孩子负责的。

阻抗原因 15:安全感不足　还有些孩子安全感很低,看到任何人都觉得害怕。如果是经受过创伤,那就更会加重对人的提防、距离感和排斥感,甚至无法相信任何人。这时候,对于第一次见面的医生或咨询师,孩子一定会拒人千里之外。

对这种情况,需要咨询师通过观察孩子的眼神、表情、动作敏锐地察觉到孩子的安全感不足,并开始进行语言安抚,"第一次来这个咨询室,应该会有点不知所措吧""又有点不安""这是一个很私密的环境,是一个专属于你的环境""没有人会突然闯进来""没有人会来打扰你,更不会来伤害你""你在这里可以放心地分享""你分享的内容也会得到保密""希望我不会是另一个伤害你的人,而是可以帮助你疗愈的人"。

阻抗原因 16：不为人知的秘密　有些孩子有不为人知的秘密。这些秘密他从来没有告诉过任何人。孩子可能也会对医生或咨询师有一种遐想，认为他们可以看透人心的，会读心术，怕自己被他们识破，怕自己的秘密被泄露，就守口如瓶，死不开口。

对这种情况需要咨询师再次强调保密原则，"你可能会担心自己的秘密分享给我之后，我把你的秘密泄露出去""我们有保密原则，而且是咨询师必须遵守的伦理守则""凡是你和我分享的内容，我都不可以告诉别人，包括我的家人，也包括你的家人，你的父母等""除非你的生命受到了威胁，不管是来自他人的威胁，还是来自你自己的威胁，我都无法为你保密，因为我们的最高职责是保护生命，可以理解吗"。

阻抗原因 17：对权威人物的普遍抗拒　有些孩子从家长和老师那里经受过权威虐待，即被权威人物以权威的方式伤害自尊，让受害者对所有的权威人物有了恐惧心理或排斥心理。所以，当孩子走进咨询室的那一刻，心里就开始对眼前这位称为咨询师的权威人物有了抗拒。

这时候，首先，咨询师需要在姿态上摆脱所谓的权威感，因为咨询师不应该是权威人物，也不应该有权威感。权威感会很大程度上阻碍孩子的坦诚和信任。其次，咨询师需要更多展示咨询师该有的平易近人、和蔼可亲和强大的亲和力，让孩子自然地放松下来。同时，在语言上明确角色身份，"很多人对做心理咨询有误解，其中一个常见的误解是认为心理咨询就是来听咨询师的意见和建议的""甚至有家长会把医生或咨询师的意见当成重要的、唯一的指导意见""而我并不这样认为""我觉得我只是陪伴需要的人走一段路""陪他聊聊天，说说话，谈谈心""如果在聊的过程中，能够对他有提醒,有启发,那就好""但绝不会因为我不认同,就挡在他想走的路上不让他通行"。

以上就是青少年孩子在诊室或咨询室面对医生或咨询师时会有阻抗的常见的十七种原因。如果可以透彻理解这些原因,并进行针对性的话术回应,就可以初步建立信任关系,有效打破阻抗,进入下一步,即打开话题,了解事件信息,进行反映式倾听。

步骤二　反映倾听,了解事件基本信息

当孩子的阻抗被消除,开始分享自己的事情,包括家庭、父母、学习、学校、老师、同学,甚至直接进入私密信息分享,恋爱、性经历、被猥亵、自残行为、自杀想法和冲动等高度私密信息都有可能直接分享。因为孩子本来就很想分享,只是一直找不到合适的人分享,何况咨询师作为陌生人,既专业又可以保密,就可以直接进入深度分享层面。

不管是一般信息分享,还是秘密信息分享,家长和咨询师都需要稳住,一步一个脚印倾听和回应孩子的分享。这时候,就需要用到一个非常重要的技术,就是反映式倾听。反映式倾听技术适用于家长,更适用于咨询师,是任何人都可以学习且可以广泛应用在各种人际关系中的必杀技能,也是世界上最难的技术之一。如何准确倾听到孩子表达的重点,用自己的理解和语言表达反馈给孩子,同时加上所听到的孩子表达的言外之意和话外之音,让孩子意识到在自己不经意的表达中居然还暗含着这一层意思,并在这种意识和觉察中提升自我认知。

前辈们在反映式倾听过去多年的研发应用过程中总结出以

下八大要点。

要点1　不问问题，只用陈述句

这个要点放在第一位是有原因的，因为太多太多时候看到家长不停问孩子问题，孩子被家长问得不胜其烦，造成孩子对家长避之唯恐不及，就更别说有效沟通了。

我们需要了解青春期孩子的心理特点和心理诉求。他们不希望被问问题，不希望被审问、被审查、被调查，他们会觉得不被尊重、不被理解、不被看重，他们会觉得沟通起来很累。

反映式倾听不问问题，几乎只用陈述句表达，并在陈述过程中将我们对孩子的理解融入进去，体现出对孩子内心深刻的洞察和看见。例如，"看到你把书包甩在一旁，一屁股坐在沙发上，猜想你今天上课应该挺累的""这么多作业压在你身上，负担很重，真想有一个不用写作业的周末，好好休息一下""马上就要期末考了，很想看到自己努力了一学期的数学成绩会不会有所提高""老师今天在全班同学面前批评你，没有顾及你的面子和感受，让你觉得自尊很受挫，很委屈，也很愤怒""对于将来去哪里读书、学什么专业，你尚未有一个明确的方向和定见，这让你觉得有点迷茫""在多次和同学发生矛盾冲突之后，你开始困惑自己在人际交往这方面到底出了什么问题，怀疑自己是不是不擅长社交，想到这里觉得很沮丧"。

这些表达都是反映式倾听的表达方式，不问问题，用陈述句把你看到的、听到的、想到的孩子的想法和感受表达出来。

要点2　不是表达意见，而是回应我听到了什么、看到了什么、感受到了什么

家长在和孩子沟通交流时，太容易表达自己的意见和想法，有时候甚至会过度表达自己的情绪感受,比如"每天回家,你就应该先把作业写完,然后你想弹钢琴或做点什么都可以""这个老师没有给你解释一下这次数学考试怎么还是这么低分,我去学校找老师问问""明天我给你安排了数学补课,你这数学也太差了,必须得补""我当初就让你考三中,那里的老师资源比一中好多了,你当时非要上一中""你这数学要是补不上来,以后就学文科吧""我们省的大学也有几所不错的,以后你就读省里的大学,不要到外地去了,离家近点,我们也好照顾你""你这孩子怎么这么倔强呢,跟你爸一样,你知不知道我这辈子跟你爸在一起吃了多少苦,受了多少罪"。

这些表达会让孩子觉得不知所措,觉得被父母的想法和情绪裹挟,觉得因为家长有了这样或那样的想法和情绪,我就应该这样或那样。不知不觉中,孩子不再交流,不再说话,不再沟通,不再分享真实的想法,有了越来越多的压抑的情绪,也有了越来越多无人可分享的秘密。

如果要避免表达自己的意见,而是表达我听到、看到和感受到孩子怎么了,如上情景相对应的具体表达参考如下,"看到你回家先弹琴,猜想一天上课下来,估计弹琴可以让你稍微放松些""这次数学又没考好,你自己应该挺失望的吧""感受到你心里很想把数学赶上来,却一时不知道从何入手""听到你说后悔来一中,感受到你对自己的选择有自责,也感受到这种自责带给你的负面能量""数学屡次没考好,让你觉得灰心丧气,甚至你都考虑以后要选文科了""对于以后去哪里读书,感受到你的纠结,一方面好像希望走出去看看,另一方面又好像想要离家近些""每次我和你爸爸吵架,看到你都会很烦躁,也很难过,显然父母的关系带给了你很多负面影响"。

要点3　言外之意和话外之音

很多常规心理咨询的共情都是基于来访者的表达进行简单反馈，并不会进行深入加工和探索。但问题是青少年人群对咨询师通常使用的共情技术常常不接受，甚至表现出很不耐烦、很不待见的表现，让咨询师很是摸不着头脑，觉得"这种技术方法在成年人中很有效，为什么到了青少年这里就没效了呢""应该是孩子情绪状态不好，等情绪好些，应该会有效""今天情绪本来挺好的，怎么还是听不进去呢""总感觉话不投机半句多""到底该如何走进青少年的内心呢"，这些想法都是咨询师常见反馈。

对于青少年来说，单纯的回应不但不能起到效果，还会让青少年觉得"你为什么重复我的话，感觉好奇怪""你是鹦鹉在学舌吗""我不需要你重复，如果需要重复，我买个鹦鹉好了，何必在你这儿花这么多钱、这么多时间呢"。孩子的话总是童言无忌，一针见血。你可以说孩子不礼貌，可以说孩子不懂人情世故，可以说孩子不懂心理咨询，但如果你不能用让孩子懂的方式做心理咨询，那就是失败的咨询。

一般来说，孩子在认知上都有很多的盲点和误区，但直接指出来势必不会被接受。同时，单纯的重复话语的共情方式也不被接受。这时候，就可以将两者结合起来，即通过对孩子表达出来的信息进行反映式倾听，将孩子话语的言外之意和话外之音听出来，并用咨询师自己的语言回应，这样既可以拓展共情的范围，反映出孩子更深的想法和感受，又可以起到一定的认知引导作用。

这种引导不是出于咨询师的价值观和理念，而是出于孩子自己的表达，完全顺理成章，接受度会大大提高。除非，孩子自己也不认同自己不经意表达出来的意思，那这时候更是一个自我觉察的精妙时刻。不管怎么样,这种反映式的倾听和回应可以给孩子带来眼前一亮的感觉,"这个咨询师很不一样""他能说到我心里去""他既能懂我的想法,也懂我的感受""既可以共情到我,也可以为我指引方向""而且他的方式一点都不像我妈那么生硬""咨询感觉很舒服,就像做了心灵按摩"。

要点4　意和音的程度

在使用反映式倾听时,还需要把握好情绪、想法的程度词。一旦把握不好,有可能适得其反。举例来说,当孩子对妈妈有情绪,在向咨询师表达时,咨询师想要共情孩子,表达说"妈妈这么做实在让你太生气了,你恨不得要一拳打过去"。这时,孩子听了你的表达,觉得自己好像还没那么过分到要打妈妈的程度,就会觉得不舒服,"我哪有那么暴力要打妈妈,我从来没有打过我妈"。反之,如果咨询师在共情孩子情绪时,程度词使用不够,那么也会造成孩子的不适感。比如"妈妈这样做,让你觉得挺委屈的",孩子觉得根本不是委屈,"委屈?这何止委屈啊,我简直是愤怒滔天,她居然在我同学面前说我是白痴?我当时就想和她断绝关系"。

要点5　回应简明扼要

反映式倾听常常是针对孩子说的一句话或一小段话进行针对性回应,而不是长篇大论,或过度猜测。长篇大论有可能会失去重点,过度猜测有可能会谬以千里。这两种情况都可能让孩子觉得反感。所以,一般就是简明扼要地针对当下的这句话进行简单的针对性回应,回应一般就是一到三句话即可。虽然有猜测言外之意、话外之音的部分,但也只是点到为止,不会过度猜测。

要点 6　贴近表达者的字面意思

在强调听出言外之意和话外之音时,可能会有一个风险就是过度猜测。这个过度猜测可能会引起表达者的反感。因此,在反映式倾听的回应中,我们要求贴近表达者的意思,是在表达者所表达的意思的最相邻语义上反馈。不但从语义逻辑上说得通,在伴随情绪情感上也说得通。

要点 7　尽量回应在积极正向的点上

当一个人表达负面情绪时,回应者的共情容易使表达者陷入更深的情绪中。因此,我们在共情的基础上,最后的回应最好可以落在积极的点上。比如,孩子说"学习这件事真是太困难了,太痛苦了",家长可以回应说"学习确实很难,很辛苦,不但占用了你很多时间,还耗费了你很多精力,但我看到你并没有放弃,还在努力中"。前面是共情,后面是落在积极的落脚点上。

有家长会说,如果孩子继续说想要放弃那怎么办呢,那家长就可以继续回应说"听上去你好像并非在此时此刻才有想放弃的想法,而是在过去已经有无数次想放弃的想法,却没有真正放弃"。这句又是在共情的基础上找到积极落脚点。这种积极的落脚点可以帮助孩子找到不放弃的力量。

通过以上反映式倾听的方式反馈你所听到的孩子的表达,让孩子感受到你真的听进去了,真的听懂了,真的体会了他的想法和感受,就有机会打开孩子的心门。

步骤三　打成一片,建立深度黏附关系

通过反映式倾听技术,家长已经可以和孩子建立较好的沟通模式和信任关系。

接下来,挑战家长或咨询师神经的就是,当孩子分享了一些常规情况下不被认可、不被允许提及的甚至是禁忌话题时,我们是否能继续掌控得住。这时候就考验我们"打成一片"的能力。

"打成一片"是指当孩子分享非常规话题、敏感话题或禁忌话题时,家长或咨询师可以稳得住评判的冲动,用倾听和理解的心态去体会孩子的内心,梳理孩子在这种话题背后的心理诉求以及可能的积极逻辑。

打成一片不代表认同孩子的观点或行为,而是通过了解、谈论孩子感兴趣的话题进入对方内心,为此我们需要对孩子感兴趣的话题和事务有相应的了解,而不是假装了解,因为只要是孩子感兴趣的任何话题都在呈现孩子的特点、需求和潜在资源。这些潜在的积极资源背后梳理出来的心理逻辑就可以应用到其他领域,为后续的巧妙迁移打下基础。

举例来说,孩子经常会有的不被认可或很容易被挑刺的表达话题有:

> 我昨晚睡太晚了,早上起不了,不去上学了。
> 我总是玩游戏,有时候控制不了就玩很晚。
> 我就是想去染头发,而且要染成独一无二的颜色。
> 我真的很想谈恋爱。
> 同学过生日,想一起去酒吧喝酒。
> 有一次在同学家玩游戏,同学拿出他爸爸的烟,我们几

个都吸了两口。

我曾经偷家里的钱和同学偷偷去看演唱会。

我和我同学打架被学校勒令休学了。

我不想上学了,以后想做纹身师。

听到以上这些话,估计家长们要管控不住自己的心情,暴跳如雷了。各种各样愤怒狂击的话恨不得一股脑说出来,以解心头之怨、之恨。可是,家长心里知道,如果这样做,恐怕孩子既会受伤,又会拒绝再和父母对话,因为孩子感受到得不到父母的理解,只会被骂。

接下来我们拿一个具体的例子来说明如何和孩子打成一片,借着打成一片走进孩子的内心世界,然后再看如何帮助孩子。

假设一个14岁的女孩对妈妈说,"昨天晚上我很晚才睡,今天早上起不了床,不想去上学了"。

面对孩子的这句话,家长一般的回应是什么,"你怎么那么晚才睡""你怎么可以说不上学就不去呢""我们不是说好的吗,你要调整好自己的作息时间,坚持上学""你把一年几十万的学费当儿戏吗""你知不知道我们父母赚钱多不容易""你这样对待学习以后哪有什么出路""你这样下去不是废了吗""你到底还要让我操心到什么时候"……

想想看,孩子听到家长这些回应会如何,孩子还愿意跟你继续聊吗?估计很难,很可能转身就走了,理都不理你。对孩子的某一种行为表现说出一系列评判的话是家长的常态,却是很不明智的沟通方式。家长在表达中不知不觉就会带着评判,好像我作为家长,与生俱来有权利评判你。但家长需要意识到,我们的评判终究无法使孩子直接获益。

我们可以尝试一种新的思维方式和表达方式来回应孩子的

表达，看看会有怎样的效果。请看下面这段对话：

孩子：昨天晚上我很晚才睡，今早起不了床，不想去上学了。
家长：（带着微笑、淡定和好奇的表情）昨晚睡很晚，是不是有好玩的事情？
孩子：好玩的事情？
家长：是啊，比如有好玩的新游戏啊，好看的新电影啊，追的新剧啊，还是在网上遇到了久违的好朋友聊得很嗨停不下来？
孩子：对啊，你怎么知道，我昨天遇到张×了，你还记得吗，就是我的小学同学，我都好几年没见他了，昨晚突然联系我，说他不上学了，在打工。
家长：张×啊，记得啊，好像当时你们关系还不错，经常在一起玩的。
孩子：对对对，就是那个张×。没想到他现在都不上学了。
家长：嗯，你对他不上学有什么感觉？
孩子：也没什么感觉，就是觉得学习好累啊，压力好大啊，如果能不上学也挺好的。
家长：嗯，如果妈妈是你，也会觉得累，每天那么多作业，烦都烦死了。
孩子：就是啊，烦都烦死了，还有你这个妈妈天天唠叨，催逼我，我都要疯了。
家长：哎呦，真对不起，妈妈让你雪上加霜了。
孩子：可不是嘛！幸好你还有点意识。
家长：嗯，妈妈没有关注到你压力那么大，大到都不想上学了。

孩子：唉，其实我也挺矛盾的。你说不上学吧，轻松是轻松，但我现在连初中都没毕业，出去打工能做什么呢？我可不喜欢做什么餐厅服务员哪，送快递这样的工作，又累又不赚钱。

家长：嗯，那你喜欢什么样的工作呢？

孩子：我喜欢穿得漂漂亮亮的，坐在办公室里，做很高级又有意义的工作。

家长：嗯，你这么一说，妈妈都挺好奇，对你来说，什么是高级的工作，什么工作有意义呢？

孩子：我也说不好，反正就是不累，赚钱很多，又能帮助别人吧。

家长：嗯，真好。宝贝，妈妈看到你对自己未来的生活有很多期待，也看到你的善良，想要帮助别人，那妈妈的任务就是协助你实现愿望。

孩子：唉！说得很美好，可还是要学习啊！我还是去上学吧！

从上面的对话中，作为家长的你，感觉如何？

对于孩子晚睡这件事，我们不要急着评判，而是要了解他晚睡的原因。了解原因时不要直接问，因为直接问容易给人造成"审问"的错觉，会有压力，而是要用一种诙谐幽默的方式，或用孩子喜闻乐见的内容让他做选择，让他觉得不是被评判而是被关注，他就会告诉你为什么晚睡，"昨天晚上晚睡是因为玩嗨啦！不但遇到了好朋友，而且还打了一局，打得相当精彩，你说我怎么舍得停下来呢？一定要打完""哦，原来是这样啊，那可不是嘛，一局游戏没打完就睡觉,总感觉心里放不下,估计睡都睡不好""就是就是,还是妈妈懂我,可你不怪我吗""嗯,妈妈更多是担心你""我知道了,下次把握好时间"。

这样一来,沟通的频道就建好了,你与他同处一个频道,他说什么,你说什么,跟着他的话锋走,这才叫同频,有了同频,才有可能共振。

这个对话过程中,家长的心态主基调是关心他,语气语调是和悦的,交谈内容是贴着他走的,表情是戏剧化的,情绪是放松的,立场是一致的。做到了这些,家长和孩子就像知己朋友一样随意聊天,孩子会觉得像是在做心理按摩,很舒服,他说什么你都接得住,他表达什么你都理解、都能听懂,他感觉没有任何压力,好像行云流水一般,结束后有一种浑身神清气爽的感觉。这种状态就叫"打成一片"。

再举一个打成一片的例子。下面是一个16岁女孩和妈妈的对话:

孩子:妈,我想去文身。

妈妈:嗯,文身?很稀奇的东西。你想文什么图案呢?(不要说文身多痛啊,也不要说文身都是不正经孩子做的事,也不要说我的孩子不文身)

孩子:哈哈,我早就设计好图案了!(听妈妈这么一问,就来劲了,眼睛一亮)

妈妈:你还自己设计图案?

孩子:当然啦!这么多年学画画不是白学的。(很得意的样子)

妈妈:那妈妈是否有幸先睹为快呢?

孩子：（略显犹豫）我不给你看，你看了一定不会同意的。

妈妈：嗯，理解，如果妈妈之前的一些表达或做法让你感受到了压力，以至于你都不想再和妈妈分享你的想法了，妈妈觉得很抱歉，也很遗憾。你愿意再给妈妈一个机会吗？

孩子：（想了一想）那……好吧，就再给你一次机会。

妈妈：哈哈，太好了！

孩子：我就是想用一种很有创意的形式展示几个英文字母。

妈妈：虽然妈妈还不知道是哪几个字母，但我猜这几个字母的解读对你来说应该很有意义，甚至已经成为你的座右铭，想天天看着它，提醒自己一些重要的信念。

孩子：哎呦我的妈，你咋知道呢？看来你最近学心理学还挺有用的。

妈妈：哈哈，谢谢你给我的肯定。妈妈只是有点担心你文身会不会很疼？

孩子：疼是会有一点啦，可我就是喜欢，疼就疼吧。

妈妈：嗯，真棒。妈妈好像看到你为有意义的事愿意付代价的心志。

在这段对话中，家长没有说文身不行、不好，或者说文身就是坏孩子才会去做的事情，也没有说学校会不会不允许文身，或文身不要文在外人可以看到的身体部位等，这些都可能是父母所关注和担心的,但我们若不能掌控住自己的焦虑,就会失去走进孩子内心的机会。在对话的当下,家长更需要把关注点放在文身背后的逻辑和故事,"为什么想要文身""文身对你为何重要""为了文身你愿意付什么代价",而且这些议题都不是用"拷问"或"审问"的语气来进行,而是用关爱和探索的方式进行的,就可以和孩子打成一片。

可能有人会问,"你这么一说他真去文身了怎么办,那不是在纵容他文身吗",那想一想以下几个问题,"文身不文身的话题和跟孩子的关系哪个更重要""直接拒绝孩子文身是否就真的解决问题了""直接拒绝的对话方式会逐渐失去和孩子对话的机会,进而失去对孩子的影响力,即便孩子暂时听从你的建议,心里已经和你渐行渐远""很多事情当下看来重要,等到几年以后你发现根本不重要""真正重要的是爱的关系""这种爱的关系用智慧调和之后就会对孩子产生积极而深远的影响"。

步骤四　为他代言,共振孩子内心世界

有了以上反映式倾听和回应的基础,了解了事情的基本框架,有了打成一片带来的初步信任关系,接下来的任务就是更深入地为他代言,将孩子无法表达出来的内心深处的想法和感受表达出来,共振对方的内心世界,激发出强大的力量。

在与青少年的沟通中,最让成人感到头疼的事可能就是自己准备了一肚子的话,却因孩子觉得无话可说而把天聊死,让大人想帮助孩子的想法一度搁浅。其实,无论是精神科医生、咨询师还是家长,"为他代言"都是非常实用、效果极佳的技术之一,如果可以联合其他技术将会起到事半功倍的效果。

那么，为什么为他代言这项技术会如此有效呢？主要有以下四点原因。

原因 1　自我表达不足

青少年在认知发展过程中对于自己的想法和感受的觉察和表达能力都非常有限，尤其是在不善表达的家庭环境中长大的孩子，就更难表达。就算有些孩子在其他方面语言表达能力很好，但当提及想法、感受、情绪的时候，孩子却会觉得表达起来非常困难，因无法描述清楚而被卡住。语言表达作为一种同时具备输出功能和反馈性输入功能的媒介，对于情绪感受、认知调整、概念梳理等自我探索有重要的作用。很多青少年就是因为既表达不出来，也无法被理解和懂得，长时间累积形成负面情绪能量的淤积，带来压抑的感受，进而变得烦躁易怒，拒绝沟通。

原因 2　自我觉察不深

由于青少年人生经历和阅历有限、大脑的发育和认知能力不足、心智有待成熟等原因，他们对自己的想法、感受没有过思考或者深度的思考甚至不自知，即使有表达，可能也仅仅是只言片语。这种对自己深度的想法和感受不自知的状态特别需要探索和挖掘，一旦有人可以将他的想法替他说出来，他就会觉得瞬间舒畅。

原因 3　神经系统信息处理不到位

从神经系统来看，大脑有个模糊处理机制，是指人类大脑在处理信息时，会自动进行一些模糊化处理，处理结果只是非常模糊的概念、模糊的方向、模糊的觉察、模糊的判断，这样就不需要耗费太多精力，减少大脑负担，能够腾出更多的时间和空间来应对新的事情。

原因 4　内外共振是最好的赋能

神经系统一般都是模糊化处理，但如果他人可以帮当事人处理信息，将模糊化处理的信息转化成具体化成果，再将这个成果用语言表达出来，就和当事人内心的想法和感受达成了同一频道，进而发生同频共振的效果，这种效果的威力巨大无比，有效赋能的力量可以带领孩子走出困境。

基于以上理解，当家长或专业人员将孩子大脑模糊化处理的想法进行分解、分类，然后描述、命名，再梳理清楚，用语言代他表达出来，这个过程本身就已经具有疗愈性，疗愈的机制就是家长的外在语言描述与孩子的内在想法感受基本一致时，就会产生共振或共鸣，进而激发强大的力量。

具体举例如下：

"我猜想你当时一定气坏了。在你最需要父母支持的时候，他们却用一副满不在乎、漫不经心的态度敷衍你，让你本来有的对他们的期待瞬间落空，心情滑落到了谷底，甚至在时过境迁很久，他们为此来向你道歉的时候，那种深深的失望感都还油然而生，心里很难跨过这道坎，嘴上就很难说出原谅。而当父母觉得你过了这么久却还不能原谅他们时，这种指责的口吻让你觉得更加委屈和愤怒，因为他们好像没有真正体会到你当时强烈的失落感和失望感，却还要求你原谅"；

"我在尝试体会你当时的感受，应该会觉得很委屈吧。你明明带着好心，想要给妈妈一个惊喜，用你积攒了很久的零花钱给妈妈买了一份精美的生日礼物,可妈妈不但没领情,还责怪你乱花钱。那一刻,你一定很沮丧,很挫败,觉得一片用心良苦没有被看见,反落下个乱花钱的罪名,这真是很委屈";

"你明明是想好好学习的,却不料被妈妈如此误解,实在是很挫败吧!其实,你心里很清楚自己是怎么想的,也很清楚自己对学习是重视的、是用心的、是努力的,只是在这次考试失利之后进入了短暂的不应期,看上去好像是躺平。而妈妈看到你躺平就开始对你多多催逼,百般教诲,好像你犯了不可饶恕的错误一样,甚至误以为你要放弃学习,把放弃学习的一千种后果都拿来压在你肩上,让你负担沉重,像是用后果来威胁你一样";

"听上去好像你并不是厌学,而是在学校的环境下受到老师的打压和同学的异样眼光,让你学不进去。这种学习的环境和学习本身是两回事。单就学习本身来说,听上去你并没有厌弃,反而能感觉到你对学习的兴趣和积极性,只是这种积极性在日复一日的环境压抑中消失殆尽"。

以上话术就是在孩子只言片语的表述之后,家长或咨询师可以给到的回应,让孩子的思路被拓宽,提升对自我的觉察和觉知。甚至可以通过孩子说的一个词,为他拓展开来,通过为他代言,进行带有支撑性和拓展性的回应,让孩子感受到被理解的程度不断加深,也让孩子更加认识自己。比如孩子说"我好烦",这个"烦"字就需要为他代言,具体话术参考如下:

"烦,是因为一直希望父母能够多理解一下自己,体会一下自己面对各种压力时的不堪其重,能够多一些积极鼓励的话语,多一些陪伴倾听的时间。可在漫长的等待之后换来的仍然是不停的催逼";

"烦,是因为你在学校很努力想找到知心的朋友,可是努力很多次,都没有看到好的效果,也没有交到好朋友,心里很挫败。好不容易交到的好友却在真心话大冒险游戏时背后吐真言说你的坏话,让你一颗真心感受到了极大的背叛";

"烦,是因为你觉得自己对学习已非常认真、用心、努力,但一直以来努力想要达成的学习目标却在某次考试中失利,那么长时间的努力好像付诸东流,你对自己很不满意";

"烦,是因为一直暗恋的女孩忽然有一天官宣了她的男朋友,那种与真爱失之交臂的错失之痛,以至于让你对现在的整个生活状态都产生埋怨情绪,但又无力改变,陷入很深的无奈和无力感"。

可见,一个"烦"字,能为他代言的空间是非常大的。

为他代言是在孩子完全不知道该怎么表达自己心境的时候,给他一个空间去体会、去选择,由孩子只言片语的表达支撑起一片天,让孩子可以在这片被支撑起的天空下有一点点喘息的空间。这需要有察言观色的能力,要能够听出言外之意和话外之音,同时需要有很好的"脑补"能力、想象能力、语言表达能力,还要有丰富的词汇量。除此之外,还要能够读出孩子语言背后的底层思维和逻辑,只有这样,我们才能够很好地运用此项技术,以达到很好的沟通效果。

最后,需要提醒的是:为他代言这项技术,对于不同类型的孩子使用的程度也是不同的。如果孩子无法表达或者仅有只言片语，家长、咨询师要尽可能多、尽可能丰富地表达，替孩子代言；如果孩子的语言表达能力很好、有很强的思考能力，家长、咨询师的代言应"点到即止"，以给予孩子更大的思考和探索的空间。

步骤五　寻找资源，梳理背后心理逻辑

每个人都有自己内在的积极资源。这个资源不是指金钱、人脉、资历、学识等，而是指内在资源，是指那些我们确定爱我们的人所带来的安全感，是指那些曾经的克难制胜带来的自我效能感、成就感和价值感，是指那些我们曾经或现在仍然擅长的事带来的优越感，那些喜欢且有意义的事带来的意义感。这些"感"都是我们的内在资源，且每个人都有或这种或那种的内在资源。

如果孩子过去曾经有这些资源，许久不用就容易失活，感觉不到这些积极体验感，但可以再次将它们挖掘出来，重新激活并强化；如果是在当下生活中，孩子最感兴趣、最有动力做的事情，其背后就蕴藏着良好的积极体验感，孩子可以在这个体验感中获得满足、热情和能量。

梳理当下事件

对于当下活动，举例来说就是玩游戏。很多孩子喜欢玩游戏，但很多家长不知道为何孩子喜欢玩游戏。其实，如果探究孩子玩游戏背后的动机就会发现，玩游戏的动机和做其他事的动机如出一辙。

动机是引发、推动、维持和调节行为，使我们向一定目标行动的心理过程或内在动力，当我们喜欢做某件事，并持续投入时间、

精力去做的时候,背后都会体验到这些感受,我们简称它为"七感",包括成就感、联结感、优越感、控制感、价值感、新鲜感和刺激感,除此之外可能还会有安全感、归属感、自我效能感、利他主义等,这些都是我们人类个体在社会生存中所共有的动机,它们是人们完成某件事情的内在动力。

在生活中,任何一种积极的体验背后都有积极的动机模式。这种动机模式激发了个体去追求目标,克服挑战,最终实现成功。动机是我们行动的推动力,它可以在不同领域和情境中发挥作用。

在游戏中,人们经常体验到一系列积极的情感,这些情感激发了他们的积极动机。以下是游戏背后的七大感觉,以及它们在游戏中的作用:

成就感 当玩家完成任务、解锁或达成游戏中的目标时,他们会感到满足和成功。这种成就感激发了他们继续努力,追求更高的目标。

联结感 游戏可以提供社交互动和团队合作的机会,玩家可以与其他玩家建立联系并共同达成游戏目标。这种社交互动激发了联结感,增加了合作和竞争的动力。

优越感 游戏通常会奖励玩家,使他们感到特殊和优越。这种感觉激发了玩家努力获得更多的奖励和特权。

控制感 游戏为玩家提供了一定程度的控制权,使他们能够塑造游戏世界。这种控制感激发了玩家积极参与游戏,并影响游戏进程的愿望。

价值感 玩家在不断升级打怪的过程中,体验到自己是有价值的,从而增强自我认同感。这种价值感,使游戏更具体验感和黏性。

新鲜感 游戏经常提供新颖的情节、挑战和元素,激发了玩家的好奇心和探索欲望。这种新鲜感增加了游戏的吸引力。

刺激感 游戏中的紧张、兴奋和挑战性情节可以激发玩家的兴奋感。这种刺激感使游戏更具吸引力和挑战性。

这七大感觉不仅仅适用于游戏领域,在其他领域中也找得到,并可以激发积极的动机。沉迷网络游戏的孩子一般情况下是在现实生活、学习中体验不到"七感",在学习上感觉功课难度大,听不懂、学不会,感觉课本内容乏味、无趣,学业上体会不到成就感、新鲜感;生活内容单调,上不完的课、写不完的作业,且大都是被家长安排了自己不喜欢的内容,有些家庭父母关系出现矛盾,父母忙于工作,缺乏对孩子的陪伴,在生活中体验不到联结感;在家庭中处于弱势地位,没有话语权,甚至被家长忽视,缺乏价值感和控制感。

反观游戏,孩子很擅长,把游戏资源掌控和调动得恰到好处,在现实中失去的这些积极情绪体验,在网络游戏中孩子们都能找到,在游戏中达成目标的成就感,即时反馈的控制感,排名靠前的优越感,组队攻关的联结感,以及基于这一切的自我价值感,还有游戏界面设计本身带来的新鲜感和刺激感。因此,在打游戏这件事情上,孩子所获得的优越感、成就感和价值感可以帮助克服他们的低自尊和低自我效能感;在此基础上,如果家长在心理上与孩子打成一片,孩子就能够打开自己敏感和怀疑的心,并真实地敞开自己和接受他人的心理介入;如果又能做到为孩子代言,那么他们就会彻底放下对家长或咨询师的偏见和阻抗,真实分享他的感受,进而为后续迁移到生活中的方方面面做好基础工作。

重拾过去事件

如果使用过去曾经的资源举例来说,比如游泳。一位女孩曾经游泳很厉害,得了很多奖项,但后来生病了,就不再游了,待在家里自暴自弃,身体发胖,连泳衣都不敢穿了。那么游泳曾经带给她的成就感和价值感就是她的内在资源,但现在失活了,感觉不到了。如果把她曾经游泳时有的那种意气风发、踌躇满志、热血沸腾的感觉再找回来,她就会有力量从困境中走出来。

一般来说,这样的时候和她说再把游泳捡起来,她一定是百般抗拒,因为身材走样了,因为游不快了,因为无法面对强烈的心理落差,因为觉得再也回不到从前了。这些心理的阻碍都需要一一打破,她才能重新游起来。

她觉得自己"身材走样",说明她对身材看重,也看重他人眼光。如果暂时无法恢复身材,可以找一个几乎没人的游泳馆,没有别人的存在,暂时缓解她的紧张。

她觉得自己"游不快"就不想游,说明她对自己有要求,要求自己要做得很好甚至最好,不然就不做。这时候就需要给她画一张目标路径图,即从现在的起点到恢复到原来的游速这个目标的一张路径图,像是一张地图,在路径中标注一些里程碑。在起始阶段,这些小目标要小到不能再小,让当事人很快就可以达成目标,建立自信和效能感,以至于更有力量前行,直到眼看着目标达成以及目标真正达成。

"强烈的心理落差"是因为她无法耐受自己不如之前好的现实,这种现实在重重打击她的自尊心。这时候需要用情绪耐受法帮助孩子从认知上认识到这种不理想的现实无处不在,总要接受,再用陪伴、倾听、抱持的方式帮助孩子耐受情绪。在此基础之上,使用目标路径图帮助孩子在认知上形成更积极的预期,即虽然现在不好,但是可以改变,且改变是有可能的。

"再也回不到从前"是大脑对我们说的一个谎言,让我们望而却步,止步不前,知难而退。想要打破这个谎言,需要用脚踏实地、一步一步的积极现实来打破,所谓的"不能"其实是"能"的。

开始恢复游泳的时候,可以先在水里玩耍,重新感受水流与身体的接触,提升对水的熟悉度和亲密感,让这种直接接触唤起曾经的记忆。当逐步适应在水里的律动、呼吸,并开始使用一些游泳技巧时,可以逐渐体会到在水中对自己身体的控制感。如果有家人、朋友的陪伴,就有了联结感。当完全恢复了游泳技能时,内心会被逐步增加的成就感充满。随着游泳技术的不断提高,或许可以逐渐去参加一些游泳社群的活动、参加一些比赛,因此而找到归属感。这些过程就是在不断强化这七大感受,进而恢复过去对游泳的信心,重拾当年高光时刻的激情和动能。

没有内在资源

如果不论是过去,还是现在,都找不到孩子可以使用的内在资源,就可以考虑寻找孩子当下喜欢做的事情。不管这件事在成年人眼中是多么幼稚、多么无意义,都需要和孩子打成一片,即尝试进入孩子的角度,体会他的感受,理解孩子喜欢这件事背后的心理逻辑,并尝试一边打成一片了解内幕,一边用语言梳理表达这些背后的心理逻辑和机理,让孩子也明白自己为何会对这件事感兴趣。同样可以在一些看似简单但有益的事情上进行这样的训练操作,达到疏解情绪、提升自我效能感的效果。

步骤六　渐进跨界,重建自我效能感

如果对一个孩子擅长的领域梳理出来很清晰的动能逻辑,就有可能在其他领域应用这个逻辑,以至于恢复功能。

玩游戏迁移到爬山

首先可以考虑迁移的领域就是运动,比如爬山。爬山这件事特别适合父亲陪伴孩子进行,因为爬山需要比较大的体力和比较长的耐力,可以训练意志力、恒心、忍耐、坚持等品格。

一直忙于工作的父亲特意抽出时间来与 15 岁的儿子对话。

父亲:儿子,爸爸好久没有和你单独出去玩了。这周六爸爸没事,咱们一起去爬山吧。

儿子:周六你没事?开什么玩笑,这么多年,就没见你周六在家过。况且,爬山?你别开玩笑了,你那大肚子还爬山呢?

父亲:儿子,你说得对!爸爸这些年光顾着工作,都忽略了你和妈妈,爸爸感到很抱歉。所以,这不最近有点反省,想调整一下优先次序,多陪陪你和妈妈。

儿子:哎呦!我可不敢耽误您赚钱。

父亲:哈哈,钱是赚不完的,不能因为赚钱耽误了更重要的事情。

儿子:说得还挺像那么回事儿。就算你周六有空,也不能爬山哪!你都这么多年没运动了,爬得动吗?

父亲:哈哈,你在担心我啊!我做过功课了,我们家附近有一座山,不远,也不高,也就 300 米,咱俩能爬多少就爬多少,不一定要爬到山顶。

儿子:那行吧!看你诚意满满,就跟你爬一次。不过说好啦,爬不动可不要让我背你啊,我可背不动你!

父亲:哈哈,行,没问题。

这样一段对话开启了一对父子的爬山之旅。父子俩爬山过程的对话截取如下。

(开始50米)

父亲:儿子,你看,这儿风景还不错呢!

儿子:嗯,还行。唉,我都很久没出门了。

父亲:我知道。以后,你要是想出门,爸爸都会尽量陪你出来。

儿子:出来可以,但不要每次都爬山这么高难度。

父亲:你怕啦?

儿子:我怕什么,这才爬了几十米,我是担心你呢!

......

(到达100米)

儿子:这山虽然不高,但有点陡,爬起来还真不容易呢,我都开始喘不过来气了。

父亲:是啊,爸爸更是喘不过来,要不咱们歇歇吧。

儿子:歇什么歇啊,要爬就一气呵成,要么就放弃。

父亲:哎呦,儿子,没想到你还是条汉子。

儿子:什么汉子不汉子,你说了咱们不一定要爬到山顶,那就爬一半吧。还有50米,就快到了。

......

(到达150米)

父亲:儿子,爸爸实在爬不动了,咱们歇歇吧。

儿子:好啊,反正也差不多爬一半了。

(边歇边聊)

父亲:儿子,爸爸听你妈说你最近挺喜欢玩游戏啊!

儿子：打住，你别想来教育我什么打游戏耽误学习，我都休学了，没什么好耽误的了。

父亲：嗯，是啊，学习压力太大了，你们现在这种学习的节奏，爸爸估计也跟不上。

儿子：你当然跟不上了，你当年在老家那是什么学校啊，我现在读的是重点中学，太鸡血了。

父亲：爸爸都不知道你在学习上承受了多大压力。我们不说学习了，说说游戏吧，你现在玩什么游戏呢？

儿子：玩什么游戏你也不懂，不和你说。

父亲：哈哈，你也太小看爸爸了。虽然不会玩游戏，但可以学啊！

儿子：你学游戏？得了吧你！

父亲：你可以教爸爸怎么玩游戏。

儿子：我不教笨学生。

父亲：我们来约定一下，如果一周之内，我学习玩游戏没有让你看到满意的进步，你就放弃我这个笨学生。

儿子：你说真的？

父亲：当然真的。

儿子：那好吧，就一周。多一天都不教你。

父亲：哈哈，好啊，今晚先请你吃一顿拜师宴。

儿子：嗯，孺子可教也！

父亲：儿子，歇得差不多了，如果你还行，咱们再爬50米？

儿子：行啊，50米应该还行，走吧。

（到达200米）

父亲：儿子，你觉得游戏最吸引你的地方是什么？

儿子：游戏很好玩啊，爸，我跟你说，那些设计游戏的人可真厉害，他们就知道怎么设计能让我们这些孩子上瘾。

父亲：嗯，怎么上瘾的呢？

儿子：所有分数都是实时在线显示，每个人的分数排名都可以看得到，这样你所有的努力都有成效和效果。而且每次闯关之后，他都告诉你多少人闯过了这一关，他们花了多长时间闯过这关，还有前人写的那些闯关秘籍、闯关心经，太牛啦！这游戏还有全国排名呢！

父亲：嗯，那你打得怎么样？

儿子：哈哈，不是我吹牛，我身边的同学谁都打不过我，我刚刚打进了全国前500名。

父亲：哈哈，真不错，听起来你打游戏很有成就感。

儿子：那当然了。

父亲：儿子，我们已经爬到了200米，你看来都来了，要不要再闯一关，再爬50米？

儿子：（先是一愣）闯关？闯就闯，谁怕谁啊！

（达到250米）

父亲：儿子，我们已经爬了大概250米，估计还有50米就到山顶了。

儿子：是啊，好累啊！

父亲：爸爸有点爬不动了。

儿子：那我们就不爬了吧。

父亲：嗯，爸爸也想不爬了。就是来都来了，就差这么一点没爬到山顶，是不是有点可惜呢？

儿子：你这么一说，也是，有点可惜。

父亲：那要不我们努把力，咬咬牙，爬上去？

儿子：我到底没什么问题，就怕你啊，这么大年纪了。

父亲：哎呦，你还担心爸爸呢！我还担心你呢，平时不锻炼，体力行不行啊？

儿子：肯定比你强啊，来，我们继续爬，看谁先到山顶。

（父子二人爬到山顶那一刻，一束夕阳余晖映入眼帘，父子俩气喘吁吁，却顾不上喊累，都被眼前的美景吸引了注意力）

儿子：原来山顶还挺美。

父亲：是啊，儿子，无限风光在山顶。

儿子：爸，你看，那就是我们家。

父亲：嗯，真的是。来，儿子，咱俩拍张照留个纪念吧。

儿子：好啊！

爬山活动结束。开始时，儿子可能会觉得这个任务几乎不可能完成，因为太缺乏体能和经验。但是，父亲在这个过程中提醒他回想在游戏中是如何追求积极感受，如何感受游戏带来积极动力的。父亲鼓励他将在游戏中已经获得的积极体验和动力，迁移到爬山的挑战上。父亲并不要求他一定要爬上山，只是鼓励他尝试。于是，他决定试着爬山，就像他在游戏中尝试克服困难一样。在爬山的过程中，他遇到了各种困难和挫折，但当他回想起在游戏中克服困难的经历以及那七种感觉，这些回忆激发了他的动力，让他坚持不懈向上爬。最终，他成功登上了山顶，获得了胜利，就像在游戏中一样。

在这个过程中，父亲陪伴儿子一起做了一件平时儿子不会做的事情，就是爬山。这是一件对儿子来说有挑战、有苦难的事，但在父亲的陪伴下，父亲巧妙的对话所带来的赋能效果帮助儿子爬到了山顶，并记录了这个克难制胜的时刻。儿子在这个过程中，心理将发生微妙的变化，这个变化就是"对于一件难事，我到底是知难而退，还是迎难而上""之前我可能是知难而退，但现在我觉得迎难而上也挺好""体验一下自己到底能不能做到""有时候可能只是我觉得自己做不到，但实际上我可以做到""至少可以尝试一下"。

过了几天，当儿子再次说"爸，我不想上学"，父亲就可以告诉儿子，"儿子，如果你实在不愿意上学，爸爸不会勉强你，不过如果上学对你来说只是一只纸老虎，那我们是不是可以试一试呢？就像前几天我们去爬山一样，你以为自己爬不上去，可后来居然爬到山顶了"。

儿子一听爬山，刚过去几天感觉犹在，山顶照片挂在家里客厅显眼处带来每天的提醒，一下子爬到山顶的成就感、效能感、价值感和自信就涌上心头，"嗯，至少可以试一试"。

这就是一个重要转机，从不敢尝试甚至连想都不敢想，转换到可以想甚至可以尝试，一旦有了尝试的动作，纸老虎就变弱了，那看似凶猛的威吓效果顿时消减了不少，再加上家长给予的降低难度和减压措施，以及咨询师给的专业支持和赋能，孩子就可以回到学校，面对曾经的挫败。

人在工作中获得价值感，在运动中获得控制感，在家人共处、朋友聚会时获得联结感，在阅读书籍时获得意义感，在取得好成绩时获得成就感，在解锁新技能时获得新鲜感，在挑战任务时获得刺激感。我们每天做着很多带来这些积极感受的事情，将这些感受进行梳理和反复强化就能够培养出积极的自我效能感。效能期望比结果期望更好地预测行为，即相信某件事发生和相信你能让它发生，两者是完全不同的。亲身掌握的经验即过去成功获得某种结果的经验，是我们获得自我效能感的重要途径。

游泳跨界到跑步

以前面提到的游泳女孩为例，如果女孩恢复了游泳训练，并且因为训练逐渐提升了泳速、降低了体重，那么她的内心就在恢复力量，恢复效能感，恢复对自己的信心。等到她完全恢复了之前的泳速和身材，她一定会再次绽放美丽的笑容和自信。借着这个恢复了的自信，问她"你要不要尝试一下跑步"，她十有八九会说"好的"，甚至会说"跑步也不难""不然训练一下半马吧"。这就是跨界恢复。

在起始阶段，跨界过程中，需要特别小心，跨幅不要太大，步子不要迈得太大，否则刚刚建立起来的一点点信心不足以支撑新的大挑战，遇到困难人就会再次退缩回来，这时大脑就会用新的谎言来欺骗我们："你以为你恢复了，其实并没有""你以为恢复了游泳就万事大吉了，想得太美了""看看吧，你以为你是谁，还不是一个废物""你放弃吧，你根本不行的"。这些谎言可以再次把内心尚未稳健的孩子打垮。

因此,初始跨界阶段,需要使用小步幅、小幅度跨界,让她刚刚建立起来的自信可以得到有效使用,并且可以再次成功,这样就会进一步夯实她的自信,以备后续进入更艰难的领域。

步骤七　反复挑战,重建或超越自我

当孩子在一个领域体会过了克难制胜带来的成就感、效能感和价值感,就会在他心里产生一种面对挑战的勇气。有了这份勇气,就拉开了一个新的序幕,就是重建自我的序幕。再经过多次跨界,让孩子更多感受到被强化了的自信和力量,就可以面对之前跌倒的领域,不管是学习还是创伤。甚至可以说,有些孩子在这个过程中,不但重建了自我,还超越了自我,变成了一个更好的自我。

以上七个步骤就是帮助孩子走出无力感、退缩状态的初始预备阶段,孩子有了力量,才能面对创伤。

这个过程是如此艰难挣扎、反复迂回、险象环生,需要家长有极大的心力来陪伴孩子走这样的过程。往往很少有家长可以单独承担此项艰难的任务,就算是夫妻同心合力,都恐难胜任,一般需要若干组家长和家庭彼此扶持,同走此路。

有了如此上述的准备工作作为坚实的基础,之后再针对受伤的"稻草事件"进行处理,就会出现水到渠成的效果,即"当我有力量了,发现那些曾经把我压垮的稻草也不过只是稻草而已""既然是稻草,应该不难处理,甚至是很容易就解决了""如果把稻草事件带给我的印记清除了,就可以再次面对稻草事件所在的场域(常常是学校)"。

第七章

创伤记忆重构法

创伤记忆重构法

压力型创伤综合征有八大症状,其中最重要最核心的一个症状就是失能感。

针对失能感的核心症状,最有效的治疗点就是克难制胜带来的自我效能感。克难制胜和失能形成对应,是目前最有效的赋能方式。其实每个人都有克难制胜的经历,这里所说的克难制胜,并不是要很大的困难,很大的制胜,而是可以在很小的事情上取得突破。这样就可以在小事情上把克难制胜的体验放大。由此,孩子的能量就会一点一点地积累起来,油然而生"我还不错""原来我以前这么厉害""原来我还可以做到这件事"的想法。

如果是要调用过去的经历,就可以通过意象法回溯过往,将过往的经历一点一点重建起来,借助当时的高光时刻让大脑再次释放电信号跟化学信号,让孩子意识到"这件小事我曾经做到过,我是不是可以再次尝试一件小事",然后让小事滚雪球,不断积累成大事。将内心自我贬低和自我攻击的减分机制,转变成重塑自我的加分机制,内在能量感就越来越足,相应地,失能感就会越来越弱。现在时间的自己有力量之后,就可以赋能给过去受害时间的自己,借这个力量去面对过去的伤害。当受害者可以借助被赋能的能量面对施害者,并做出保护自己的表达和动作时,大脑中的创伤信息就会变成非创伤信息。

以上疗愈过程称为"创伤记忆重构法"(traumatic memory transformation therapy,TMTT),具体步骤如下:

步骤一：神经记忆原理
步骤二：创伤记忆的直接处理
步骤三：重建创伤场景
步骤四：隔空自我赋能
步骤五：直面施害者
步骤六：创伤记忆重新登记

通过以上步骤，就可以实现创伤记忆的彻底改变，为后续创伤康复打好基础。

步骤一　神经记忆原理

人类大脑把记忆当做某种存储器，提取所需的过程并不是单纯的恢复和再现原本的信息，而是根据当时触发的情景对信息重现和建构。因此，创伤记忆也是在每次重现和构建过程中不断变化发展的。不同的领域对创伤记忆的定义略有不同。心理学家弗洛伊德强调创伤体验对个人心理造成的打击巨大时，个人无法在短时间恢复。个体面对苦难与震惊会感受到痛苦、恐惧、无力，会对个体精神、心理上造成伤害，由此产生的记忆叫创伤记忆。创伤记忆有如下三个特点。

特点1　选择性

创伤之所以是创伤，就是指对人有伤害，而人在面对伤害时有一种本能，就是逃跑、逃开。如果这个记忆带有创伤属性，那么人类大脑的本能就是要压抑这个记忆，要遗忘这个记忆，只剩下一些支离破碎的记忆片段。所以每当有人问起那段经历，当事人的回答可能是"我不记得了""我记不清楚了""印象很模糊了""我忘了"。

这种选择性记忆或选择性遗忘是大脑对自己的一种保护,因为如果都记起来恐怕自己会无法承受那种受伤的强烈痛苦感。遗忘的记忆是可以通过专业引导重建起来的,在专业治疗时可以进行记忆重建。重建需要在专业人士指导下进行,以免重建起来的记忆让受害者再次受伤。

特点2 建构性

我们回想过去事件的过程实际上是对于过去的一种主动重建,或者至少是对你回忆起的那一部分过去的重建。心理学家在实验中曾经尝试在人们的头脑中植入与事实不符的记忆。如果植入与事实不符的记忆这一做法带有争议,那么从新的视角和眼光来看待过去的事情总是一件积极的事。对过去事情的看待可以通过主动构建的方式产生新的视角,由此带来新的感受,通过对过去事件的更新看待带来对自己的更新看待,也就是说我们可以通过修改记忆而改变我们固有的认知和印象。

电影《十二公民》告诉我们,即使是来自一个很自信的目击者的证词,也可能是错误的。目击者并没有想要刻意地撒谎以偏袒某一方,但他所以为是事实的记忆其实已经是重构后的结果。心理学家曾做过实验,证实了人的记忆存在歪曲和易受暗示性等问题。也有研究者发现,即使是提问措辞上细微的差别也可以改变一个人对某件事的回忆。在我们脱离童年期很久之后,一次次地追述童年的悲惨往事其实就是一种记忆强化,这种记忆与当初的事实可能已经不相干了,而变成了自己为了表达甚至坚持某种情感而导演的一场电影。这种强化如果是负面的,那就更难摆脱童年的影响。但同时也给了我们一种积极的提示,就是正面的强化可以改变我们对过去创伤的认识和体验感,让那些痛苦的记忆变成积极甚至愉悦的记忆。

特点3　伴随情绪情感

大脑在存储对事件的记忆时,会将很多事件要素打包,作为一个整体留存在记忆中。这个整体记忆信息中,情绪情感是重要的要素之一,甚至我们有时候都不记得这件事是什么时候发生的、谁参与了这件事、事情最后的结果如何,但始终记得这件事带给我们的情绪感受,尤其是那些令人烦恼、失落、悲伤的事情,比如考试失败、恋爱失败、被人嘲笑等,它们给我们带来的痛苦会持续好几个月甚至数年。

心理学研究也发现,消极事件要比积极事件更容易吸引个体的注意,也就是我们所说的负性注意偏向。注意偏向是指个体对特定刺激具有高敏感性并伴随选择性注意。具有情绪含义的刺激更能吸引注意或占用注意资源,当环境中存在各种各样不同的刺激时,人们会优先加工负性刺激,称为负性注意偏向。小时候的某种经验很痛苦,压抑尘封于心底最深处,长大后遇到类似的情境,痛苦的体验被激活,过去事件的情绪就穿越到了今天的现在、此时此刻,我们把这种情况称为"情绪穿越"。

步骤二　创伤记忆的直接处理

正常的记忆会随时间流逝而被淡忘,创伤记忆则恰恰相反。创伤记忆不但会保留,凝固在时间长河里,还会被不断放大,深深烙印在头脑里。

创伤场景、创伤事件和创伤记忆是需要直接处理的。如果不直接处理,任何打擦边球或转移注意力的方法都无法彻底解决问题。劝孩子说"过去的就过去了,不要提了",或者指责孩子说"你还有完没有,怎么一件小事就过不去呢",再或者硬逼着孩子原谅施害者,这些在创伤记忆的周边处理的方法都无法根本解决创伤问题。

如果光说不行,就采取行动,想要帮助孩子建立新的生活模式,比如搬家、换学校、交新的朋友圈子,认为帮助孩子建立了一个积极的环境、积极的动力系统和积极的目标,就可以解决问题了,可最后发现还是不行。在生活中,一旦有跟创伤事件相似的场景要素或人物关系出现的时候,孩子的大脑就会瞬间被激活,回想起那个创伤事件,并且那个创伤情绪会穿越到现在,让孩子被冲击到,情绪瞬间崩溃,发现一切的努力都无法阻止伤口溢出脓血。

一个人之所以会受伤,一方面是因为事件太严重,另一方面是承受事件的自己承受力不够。如果想要疗伤,要么让已经发生的创伤事件时光倒流不发生,要么就是让当时承受这个创伤事件的那个自己的承受力提升起来,可以承受不可避免要发生的创伤事件,进而让当时承受事件的自己的大脑中登记的信息不再是创伤信息,而是非创伤信息。从这个逻辑来讲,显然,以目前的科学水平,让已经发生的事回溯倒流不发生,那恐怕要时光机才行,那么就剩下一种方法,就是让当时承受创伤的那个自己强大起来,就是要赋能给那个当时受伤的自己。

真正的疗愈是要解决创伤事件和创伤记忆,并且把创伤记忆在神经系统中重新登记为非创伤记忆,这才是真正的疗愈。

步骤三　重建创伤场景

大脑具有记忆和储存的功能，我们过去曾经经历的创伤场景，会储存在我们的大脑记忆区，并且形成记忆碎片，而我们的记忆，随着时间的推移会遗忘（提取记忆信息的时候有困难，这就叫做遗忘），但是创伤记忆是存在的。所以遗忘并不是说没有记录，而是我们提取的时候有困难。

我们可以用意象法重新把遗忘的信息也就是提取信息有困难的那一部分激活，因为信息与信息之间是相互关联的。比如说，在这个创伤场景当中有十个要素，但是你只记得前三个要素，当我们去描述你记得的这三个要素的时候，大脑已经充分地对这三个要素产生反应，连带回想起第四、五要素，再对这两个新要素进行加工、渲染和强化，使当事人连带回想起第六、七要素，再对这两个新要素进行加工、渲染和强化，使整个场景越来越清晰，剩下的第八、九和十要素也就随之想起来了，这个场景基本上就重建成功。

那么为什么要重建这个创伤场景呢，因为我们认为创伤的疗愈是一定要在这个创伤事件的场景下进行重新登记，创伤信息才是真正的疗愈。回避这个创伤事件和创伤场景，我们的治疗方法就没有解决根本问题。

假设有个女孩，在她 15 岁那年，发生了一件事。当时这个女孩正处于青春期，由此产生逆反心理与父亲对抗，说了一些带攻击性的话语，致使父亲拿着一根木棒痛打了一顿女孩，女孩每每想起这个事件都会生出对于父亲的那份愤怒和委屈感。那么咨询师就可以运用意象疗法引导她回想当年发生的这个场景，在当时的场景下，再次想象当时父亲打你时的表情及他的内心感受，去体验父亲打的背后也是有爱的管教的部分情感存在,体验当年被打的孩子也向父亲哭诉了自己内心的委屈和愤怒,并且当年的父亲也向女孩道歉,最后和解。由此重新创建了创伤场景,创伤被疗愈。

即便随着时间的流逝,不去触碰时,看上去好像已经很好了,好像疗愈了,甚至感觉从来都没有发生过创伤,但一旦在当下发生的事件、场景、关系中有任何一个要素和过去创伤场景中的要素可以匹配得上,大脑就自动将受伤场景的情绪调动过来,以至于在当下事件场景下表现出根本不至于有的如此大的情绪反应,或者大哭,或者大吼大叫、歇斯底里,或者毁物伤人,或者向内攻击自己即躲在一个没人的角落伤害自己、自怨自艾。这种过去事件中的情绪在当下事件中凸显出来的情况称为"情绪穿越"。

因着"情绪穿越"的缘故,如果不去处理受伤事件,就会像定时炸弹一样,不知道什么时候、什么场景就会爆炸一下。有时候,当事人可能会觉得当下事件根本没有任何要素和受伤事件有相似之处,怎么就情绪穿越了呢?这是因为大脑在受伤这件事上在神经系统中做的标记特性是"宁可错杀一万,不可放过一个",即在受伤这件事上就算错配了,也不能漏配了,因为一旦漏配就可能造成再次受伤,后果很严重。这时,人的生存本能就凸显出来,为了避免受伤的危险,大脑会竭尽全力捕捉"危险信号",哪怕有些要素和受伤事件中的某个要素有一点点相似,都会发生"匹配"。

"匹配"是指大脑对过去事件留下的记忆和当下事件的信息进行相似性匹配。一旦匹配成功,就会出现"情绪穿越"。如果情绪穿越发生得过于频繁,几乎隔几天就要发生一次甚至每天都发生,那么这个伤情就需要处理。如果发生频率很低,几个月也不会发生一次，对目前的生活没有造成什么影响，那么可以暂时不处理。当然，如果当事人觉得即便没有频繁发生，也希望可以一劳永逸地解决这个定时炸弹，那也可以处理，只要当前版本的自己有足够的力量面对伤情即可。这就是过去的创伤事件是否要处理的评估标准。

想要处理过去的创伤场景，就需要在头脑中还原这样一个创伤场景，在心理学技术中常使用"意象法"来还原场景。还原过程需要通过大脑记忆还原当时的场景，这就涉及一个重要原则，就是"渐进式原则"，即一点一点、一步一步还原当时的场景，而不是一下子完全还原。强调这个原则是出于两点原因，一是这个记忆如果真的具有创伤属性，那么当事人就有可能记不清楚那个场景，需要通过记忆挖掘来重构记忆；二是因为当创伤记忆浮现，创伤场景再现，当事人不一定能承受得了，可能会出现强烈的情绪反应，以至于无法进行有效治疗。基于这两点原因，我们需要渐进式还原创伤场景。

通过引导孩子回忆曾经发生过的创伤场景，如创伤发生时的年龄、穿着、动作、神情等，并且打开视、听、嗅、味、触五大感官，从而不断唤醒创伤记忆，最终达到创伤记忆重新构建，起到疗愈的作用。具体引导步骤有如下三步。

第一步：初步回忆 回忆指恢复创伤事件的原貌，接纳那时候所发生的一切客观的事实，不逃避、不否定、不掩盖。回忆必须包含创伤事件的全过程和关键点，因为每一个情景或是关键点可能包含着许多让当事人伤心、恐惧等的心理状态，这些都必须回忆到并且要妥当地解决。

第二步：表述体会 在进行回忆的整个过程中，如果忽视了那时候的感觉，那么创伤是没法被治愈的，因此最大限度地体验当时的恐惧与伤害是非常有必要的。逃避这些恐惧不利于对自身的治疗,没有真实体会的回忆不管被重述多少遍,都不太可能被真正治愈,所以所有的感受都需要复述出来。只有通过充分感知当时的情绪才能让心里的真正感受表现出来,才有可能找到与自己和解的方法。

第三步:释放情绪　心态的表述通常具有释放性,而彻底释放出来代表着学会放下。释放掉这些被威胁的想法,用客观的、现实的想法去取代这些恐惧和幻想的想法。我们的终极目标是接纳生命中最糟糕的一部分,并把它变为将来生活里最好的动力。

通过以上方法就可以重建创伤场景,为后续疗愈奠定基础。

步骤四　隔空自我赋能

当创伤场景被还原后,这个场景涉及几个人物,一个是当时受伤的自己,一个是对当时的自己实施伤害的施害者,同时,还有进入到这个场景的现在视角的当事人自己。换句话说,在这个场景中同时有一个当时受伤的自己和一个现在被赋能的自己。现在这个当事人自己是通过之前提到的预备阶段七步骤实现赋能的(参见第129页)。如此,就构建了一个自己和自己对话的基础。

隔空自我对话是治疗的关键,是撼动创伤记忆的重要过程,是转换登记创伤记忆的重要前提,是能否得到根本性疗愈的重要体现。从根本上来说,如果那个曾经受伤的自己没有被触及,受伤的记忆没有被根除掉,那么所谓的伤就没有被疗愈,所谓未触及创伤本身的治疗都是隔靴搔痒。

做创伤修复的前提是,承受创伤的当事人是需要有能量的,他需要获得能量才能够对抗施害者。最好的方法是让现在有能量的积极的自己,通过隔空对话,给过去那个软弱、弱小、无力、无助的自己能量。这就是自我赋能。

在咨询师的引导下,让现在的你去回忆过去受伤的你,让现在的自己对过去的自己有一个隔空的自我对话,让现在发展了的自己给过去软弱的自己赋能,让 15 岁的自己和 10 岁的自己对话,让 20 岁的自己和 15 岁的自己对话,让守护你的成年自我对你受伤的那个年幼的自己说一些新的话语,一些能够起到安抚和宽慰作用的话语。告诉过去的自己,"现在,由我来保护你,不用怕"。

也可以是给过去受伤的自己支持接纳的力量,对他说赞美、欣赏、感恩等有着积极力量的话,足够多的积极力量可以弥补创伤。还可以帮助过去受到创伤的自己辩护反击,维护过去受伤的自己的立场和观点。

在创伤场景下的自己,是软弱的,是无法承受刺激的,是无法承受打击和伤害的,因为他把这一事件登记为创伤性事件。神经系统的运作可以突破时空限制,所以我们可以用意象法穿越到受伤时。根据脑科学的研究,创伤记忆留在海马体里,而海马体是没有时间概念的,用精神动力学的语言来说,潜意识没有时间概念,如果潜意识被唤起了,就像是当下的经验一样。

当事人被赋能后,就会改变过去所登记的信息,在他的神经系统中,把这一创伤信息登记为非创伤信息。我们无法控制其他人,也无法改变我们的过去,但是我们完全可以掌控我们的自我对话。通过积极的自我对话,我们可以改变过去的创伤记忆,从而对过去施以魔法,让那个因为创伤而退缩恐惧的自己舒展地站立起来,更有力量奔跑、争取。

从赋能的原理来讲,需要做到以下几个要点才能真正赋能。

要点1　被真正看见和被真正懂得

在人与人之间交流的过程中,我们始终在用自己的视角看待对方,用自己的思维分析对方,用自己的感受体会对方,以至于我们的视角、思维和感受都有可能存在偏差,甚至是自说自话、自以为是,根本无法做到充分理解和懂得对方,就算是一般水平的咨询师都做不到充分理解和懂得来访者内心的痛苦。对于受伤的来访者,想要重获力量,有个重要前提,就是需要被真正看见和被真正懂得。

谁可以真正看见和懂得当事人?恐怕任何旁观者都没有当事人自己更了解自己经历了什么。可问题是,当事人虽然可以看见并懂得自己经历了什么,但自己如何将这种看见和懂得表达出来,让受伤的自己感受到呢?这就需要专业且有经验的咨询师在当事人进行隔空自我对话时进行穿针引线式的引导,让表达到位。

要点2　看见成长的可能性

当时受伤的自己如果是被任何其他人告知说"你可以做到",他很可能回以"我做不到""你根本不知道我经历了什么""我永远也突破不了自己""我永远也无法面对他(施害者)""我做不到的",因为受害者永远可以以此为借口,不去面对,不走出来。但如果这个告知他的人是将来的自己,是已经展示出不一样可能性的自己,是已经在认知上有了长足发展的自己,是在情绪上有了更多能量的自己,那么这个受伤的当事人就会更有信心去相信这种走出来的可能性。

要点 3　大脑的同频共振

真正赋能的力量来源于内外的同频共振,即内在想的与外在听到的一致,就会发生一种共振效应。"共振"是一个物理学概念,但用在这里再合适不过了,因为这种想法和感受上的同频共振可以带来非同寻常的力量。

那么谁可以让受害者感受到同频共振呢?最好的人选就是将来的自己,因为自己最懂自己。如果这个将来的自己虽然懂得,但不知道如何用语言表达,那么就请咨询师辅助表达,让将来的自己可以更好地表达自己,就实现了最好的赋能给当时受害的自己。

有了以上通过隔空自我对话赋能受伤的自己,就有了接下来疗愈的高光时刻。

步骤五　直面施害者

当受害者被赋能后,就有了面对施害者的勇气和力量,进而可以在大脑中重建受伤场景,面对施害者。

面对施害者,可以有如下五种不同的表现形式。

表现 1　不再害怕

如果当时受害者承受不了施害者的伤害,那么想必会很害怕,觉得对方好可怕、好可畏,自己在他面前好弱小,根本承受不住对方的施害,心里怕得不得了。这种恐惧的情绪就会激活大脑的报警系统,让大脑觉得当前自己正在面对生存的危险,即对"恐惧"和"生存危机"做出条件反射式的反应。这种害怕或恐惧如果接续后续被害行为,那大脑就会登记"创伤"信息和记忆,"我在某年某月某日受到了伤害""这个伤害很可怕""这个受伤场景中所有的要素都在我的记忆中被牢牢印刻""我永远也忘不了这一天这一刻""以后再遇到哪怕有一点点相似的场景都马上跑开躲避危险","如果不跑开,将再次面临生存危机""这是生死存亡的时刻"。

这些都是大脑登记"创伤"记忆的体现,从那之后,再遇到和创伤场景有任何相似之处的场景或关系都会引发大脑发出警报,这就是"创伤"记忆在发挥效应。

而当受害者被赋能之后,再次进入这个受伤的场景时,他已经不再是那个承受不起伤害的自己,而是有了力量的自己。有力量的第一反应就是不再害怕。当恐惧情绪消退,当时场景激发的警报机制就消退了,或没有被激活,当事人由此可以经历一种矫正性体验,即使遭遇了这个本该受伤的场景,却没有害怕,也没有激发生存危机报警。

表现 2 不再退缩

退缩和害怕是连锁反应,因为害怕而退缩。

退缩的具体表现是回避或逃跑,而这种行为本身又会反馈性加强恐惧的心理,并且会对日后再次遇到警报信号时的反应奠定一个非理性基础,就是大脑发出危险警报,行为上就自动退缩逃跑,但其实眼前并非蛇,只是井绳而已。

如果可以不再害怕,那就不再退缩,也不需要逃跑。不逃跑,才有机会面对施害者。

表现 3 敢于表达自己

不害怕和不退缩只是站住了而已。想要将"创伤"记忆改换成"非创伤"记忆，还需要再多走几步。接下来的步骤就是表达自己。

但受害者感到害怕恐惧，想要退缩逃跑时，根本没有勇气和力量表达自己，觉得"我怎么敢表达自己呢""我如果表达了自己会不会受到更大的伤害呢""对方根本不会听我表达自己""我怎么表达自己呢""我已经害怕到大脑一片空白，根本不知道怎么表达自己了"。

如果受害者已经不再害怕，不再退缩，接下来就是表达自己。具体话术如"我觉得不舒服""我觉得我没有被尊重""我觉得被冒犯""我觉得你越界了""我觉得你不应该这样做""我觉得你这样做不合理"。这些表达看似力量不够，却是受害者最原始的情绪感受，必须表达出来，否则就无法触及内心需要的层面。

表现4　敢于拒绝、警告、反击对方

从这一步开始，受害者的受伤记忆将有机会在神经系统和记忆中被重新登记。之前受伤时压抑自己，重新经历时可以拒绝受伤，可以警告施害者，甚至可以反击施害者。具体话术参考如下："你这样做我很受伤""你没有权利这样伤害我""我现在要马上离开这里，我没有必要在这里忍受你的羞辱和伤害""我不允许你这样伤害我""我给你一次停止伤害我的机会，仅此一次""如果你继续伤害我，我会反击你""我会让你知道这样伤害别人是不对的"。

这些表达在曾经受过伤的人眼中简直不可思议，因为他们从来没有这样表达过，不知道可以这样表达，也说不出这样的话来。的确，这些话是要有勇气和力量才能说出来的。而且，在说这些话的时候，大脑对整件事登记的记忆信息就在发生改变。

表现 5　敢于划定边界

如果施害者是外人，其实划定边界非常容易。但如果施害者恰恰是受害者最亲近的人，或无法隔离的关系，那就很困难了。问题就在于受害者的大脑认为，"虽然他伤害我，但他毕竟是我爸/妈""所以我将永远无法摆脱他对我的影响""也永远无法与他隔离""只能在这种受伤的关系中默默忍受"。如果是这样的想法，就会在受害者的头脑中形成一个非常深的人际模式——我无法摆脱伤害我的人，以至于以后遇到伤害自己的恋爱对象、婚姻对象，都觉得对方"就是我的家人，就算他对我不好，甚至家暴我，我也不能离开他，我就是无法离开他，而且他对我有时候还挺好的"。

这种无法划定边界的情况既源于认知上的扭曲，又源于情感上的依赖，缺乏身份价值的安全感和心理的力量感。但如果有了安全感和力量感，就敢于划定边界，远离施害者。具体表达话术包括："虽然你是我的爸爸/妈妈，但你仍然不可以这样伤害我""我不会允许任何人，包括你，伤害我""我现在已经有能力保护我自己""我要捍卫自己的权益""如果你不能停止用这样的话伤害我，我会拒绝和你保持沟通""如果你不停止继续伤害我，我会远离你""不管怎样，我需要先保护我自己"。

步骤六　创伤记忆重新登记

人的记忆很奇妙。如前所述，如果人的记忆是可以被篡改的，那么是否意味着我们可以把"创伤记忆"改换为"非创伤记忆"？答案是：可以的。

如果我们在创伤事件发生的当时和当下登记为创伤信息，其实一般情况下是很难改变的,不管我们怎样自欺欺人地说"都过去了""这没关系了""不影响我现在的生活了""只要我不想它就没事",无法改变的事实是,我们仍然会在当下接触到和创伤场景相关的人物、关系、环境,甚至任何一个要素和创伤场景相似都可以引发创伤事件带来的情绪,我们称之为"情绪穿越",即从曾经的创伤事件穿越到当下的看似不严重的非创伤事件中,让旁人和自己都觉得莫名其妙。这种情绪穿越如果频繁发生,就需要处理,治疗创伤。处理的方式就是回到在意象中的创伤事件的现场,通过被赋能之后的受害者面对施害者可以做出不一样的反应和应对,进而改变创伤事件的样貌,改变大脑对这件事的记忆登记,由创伤记忆修改为非创伤记忆,或者叫做重新登记记忆。

从事实层面来看,事件本身似乎无法改变,但人对事件的主观印象是可以改变的。主观印象是指人在主观上看待客观事实的印象和态度。常识告诉我们,人看待过去事情的主观印象一直都在发生变化,这种变化受到各种因素的影响。通过意象法回忆那个创伤事件,回到那个创伤场景,打破创伤记忆最关键的是什么呢?最关键的就是在那个创伤场景下,被害的自己需要勇敢地面对施害者,做出不一样的反应。

当初自己受伤害的时候很可能是忍辱负重、忍气吞声的,很可能是默默忍受、不敢反抗、不敢表达,正是因为如此,受害者的大脑才会登记为创伤记忆。

但当我们重建这个创伤场景,当我们已经为现在的自己赋能了,并且让现在的自己给当时受伤的自己赋能,那个受害者就站立起来,勇敢地面对施害者,不管是回应他还是回击他,至少能够划一道自我保护的边界,都可以起到打破创伤记忆的作用,都可以起到重新登记创伤记忆的作用。

这个过程中，人对受伤事件的主观印象发生了改变，因为受害者在回想这件事时，记忆中多了一个信息，就是"我能够为自己站立起来""我能够面对施害者""我能够表达我自己的想法""我能够树立边界""我可以有效捍卫自己的权益""我甚至能够回击施害者"，这些新的信息就促成了事件记忆的改变。

我们对这个创伤事件甚至对整个世界的感知都是在客观存在基础上的主观感知。与人交流的过程中，你会发现人与人之间的主观感知可以如此天差地别，就算是对同样的经历和遭遇都可以有完全不同的想法和感受，也正是因为这些不同的想法和感受促成了不一样的人生发展趋势和人生际遇。

回到创伤事件上来，创伤之后会有衍生影响，而这些创伤的衍生影响不在于实际上发生了什么，而在于人主观上体会到了什么。如果人在主观上体会到了"我可以为自己站起来了""我可以有能量了""我可以去应对施害者了""我可以不再害怕施害者了""我不会再允许谁这样伤害我了"，那么这种主观体验就发生了积极作用。我们要的就是这个积极效应。

这个关键就在于有了现在的自己，而且这个现在的自己是被赋能的自己，是已经"打通关"的自己，是已经爬上山顶的自己，是已经可以面对学习困难的自己，是已经有了力量的自己。这个有了力量的自己要帮助和赋能给当初创伤场景下受伤的自己。

最有效的赋能不是我告诉你说"你行""你可以的"，任何其他人对你说"你行""你可以的"都不如你自己对自己说"你行""你可以的"。所以我们使用了现在的自己和当初受伤的自己这种隔空自我对话的方式。让现在的自己告诉当时的自己说"你行""你可以的""你给我站起来"，这是最有效的赋能。当那个受伤的自己站起来之后，他就可以去面对、回击、回应或者划定边界，记忆由此而改变,这就是创伤记忆重构法的精髓。

这一种治疗方法治疗好了很多人,不管是成年人还是未成年人,他们在这种治疗的过程当中被疗愈。创伤记忆被重新登记为非创伤记忆之后,现在的自己就充满了能量,他有了能量之后就可以去面对生活的困难,不再有创伤拖后腿的效应。

第八章

创伤记忆重构法的**优势和劣势**

一、TMTT 的优势 / 191

二、TMTT 的劣势 / 199

创伤记忆重构法的优势和劣势

每种治疗方法都有它的优势和劣势。本章将针对创伤记忆重构法(以下简称"TMTT")的优势和劣势分别进行阐述。

一、TMTT 的优势

优势 1　有效赋能预处理

TMTT 最大的优势之一就是通过一系列有效的赋能技术，帮助孩子从失能或无能的状态下获得能量，而且这种能量不是外界强加给予的，而是内在激发出来的能量，可以为之终生所用。通过系列赋能技术让孩子的内心具备处理创伤的基础，也具备了改变创伤记忆的可能。

其他很多创伤疗法都会遇到的共同问题是，想要处理创伤，但只要一碰伤口，就会出现过度情绪唤起，以至于无法处理，就算可以用放松法暂时放松，却只能算是姑息方式，因为当下的放松并不是内在的力量。而内在的力量不但可以帮助孩子面对创伤、疗愈创伤，更可以伴随且受用余生。

优势 2　直接处理创伤记忆

前面提到，创伤记忆是指当孩子经历了一件让他无法承受的事件，在他心里形成负面情绪能量的淤结并在神经系统里标记为

"创伤记忆",无法应对,也无法释怀,最终形成创伤印记,并由此产生衍生影响。任何一种治疗创伤的治疗方法如果不直接处理创伤记忆,那么不论时间过去多久,这个创伤记忆都有可能再次跳出来扰乱当事人的生活。

直接处理创伤记忆是 TMTT 的重要优势之一。直接处理就是尽可能的回忆创伤事件,当事人有可能会重新体验事件带来的认知冲击、情感伤害和行为压制,不管是通过怎样的方式回忆和重建创伤事件整个发生的现场和各种各样的元素,包括事件"发生在什么时间""什么地点""当时都有谁在场""发生了什么事""谁说了什么""谁做了什么""这一切的发生在当时和现在分别带给我怎样的感受""我从认知上如何理解和看待这件事""事后又有谁知道了这一切""他们的反应如何""这些人的反应又让我作何感想""我从这件事中有怎样的事后思考""这件事到现在是否还在影响我""如果有,有哪些具体的影响""如何修正这些影响"。

在治疗过程中,这许多的问题都需要当事人做出回应,通透地体会事件及事件影响。经过治疗,不断重复当事人对这些问题的回应,记录当事人经过治疗带来的循序渐进的改变,最终让当事人经历一种矫正性体验,即认知重建、情感伤害的修复和行为重启。

这种治疗方式是否有风险?当然有,风险就是当事人在治疗过程中因为无法承受受伤之痛、之苦而再次陷入严重失能状态甚至情绪崩溃。为了避免这种情况发生,我们采取的防护策略包括:治疗前充分赋能、治疗中循序渐进式暴露、外在资源支持系统、治疗效果反馈性提升效能感和生活线中积极路径同时推进等。

策略 1　治疗前充分赋能

如果没有治疗前的充分赋能，那么孩子作为受害者，估计是没有力量面对施害者的，就算有力量，恐怕也只是愤怒，就算敢表达，也不一定是具有疗愈性转化的表达，带来的只是泄愤，而不是疗愈。

治疗前赋能是通过给现在的当事人赋能，让现在的当事人给过去受伤的当事人赋能，进而让受伤的当事人可以勇敢面对施害者，把创伤记忆修改登记为非创伤信息，达到疗愈效果。真正的疗愈效果是指有能量拒绝被伤害，而不是被伤害后表达不满。

策略 2　循序渐进式暴露

即便有了赋能的前提，再次暴露在创伤场景下，仍然需要循序渐进地暴露，而不是一下子全部暴露在创伤场景下。伤之所以成为伤，还是有威慑力的，就像十年前被蛇咬的人，仍然怕井绳一样。

循序渐进式暴露在之前的受伤场景下是创伤治疗必备策略。一方面，回溯创伤记忆需要循序渐进；另一方面，让新的认知有机会渗透进头脑中，借此重塑记忆。

策略 3　外在资源支持系统

如果内在力量不足，有外在资源可以支持就更好。外在资源包括精神科医生、心理咨询师、家人、伙伴以及任何当事人信任的人。这些外在资源都可以在一定程度上让当事人觉得被支持，增强他的力量。

策略 4　治疗效果反馈性提升效能感

在循序渐进的过程中,当事人每次在意象中回顾创伤场景时的情绪唤起程度、面对施害者的恐惧程度、退缩程度、自身内在的力量感都会发生微妙的变化。咨询师需要捕捉到这些微妙的变化,并用语言明确甚至量化地表达出来,让当事人意识到自己的成长和进步,进而带来进一步面对施害者的效能感。

策略 5　生活线中积极路径同时推进

在处理创伤的同时,如果推进缓慢或者推进受阻,可以同时进行生活线中积极路径的推进,如正在进行的游泳训练、正在进行的跑步训练、正在学习的化妆技巧、正在发展的爬山技能等,这些积极发展的路径都会带来效能感和力量感,同步赋能。

以上五点策略都是在创伤治疗中带来赋能感的方法,可以辅助推进处理伤口的过程。

相对于直接处理,非直接处理的形式包括直接否定过去发生的一切、给发生的一切一种新的解释、专注当前的生活和优势资源,这些形式从根本上来说并未触及创口,无法从根本上解决问题。

形式 1　否定过去

对过去发生的创伤持否定态度或许可以暂时消解创伤带来的影响,但几乎无法持久,总会被这样或那样的刺激因素再次挑起敏感的神经,发生情绪穿越。

形式 2　旧伤新解

给予过去发生的创伤一个积极的解释或许可以升华出新意

义,但这种新意义如果是建立在伤痛未直接处理的基础上,要么升华不出来,要么即便升华出来也根基不稳。

形式3　扬长避短

专注当下生活,专注发展当前的积极资源,扬长避短,或许可以掩盖伤口,但伤口总会感染、发炎或化脓,无法长久掩盖。

以上三种形式都是隔靴搔痒,并未真正处理创伤。

优势3　全方位修复情绪、认知和行为

创伤的修复不应该只是处理情绪,而是应该覆盖情绪、认知、行为等全方面,因为创伤的影响不只是在情绪方面,而是全方面都有影响,也不只是当下有影响,而是在余生中都有影响。

青少年在经历压力型创伤综合征的过程中,认知体现出各种偏差,包括自我认知偏差、对事件的认知偏差,以及可能会衍生出来的对他人、对社会、对生活、对人生的认知偏差。对自己的认知偏差包括觉得"我什么都不是""我什么也做不了""我这辈子就废了""我根本没有办法养活我自己";对他人可能会泛化觉得别人想要伤害自己,"他这么做是成心要害我""她根本就不管我的死活""他就是故意针对我""她怎么可以这样对我";对社会可能会有泛化的消极想法,"这个社会太可怕了""这个社会到处都是恶人恶事""我永远也不要进入这个社会""我到了18岁就去自杀";对生活可能会有泛化的悲观态度,"我生无可恋""生活太没意思了""人活着有什么意思呢";对人生可能会有的想法包括"我整个人生都被这个老师给毁了""我要是无法完成高中学业,我这辈子就废了""我的人生就是一个失败的剧本"。

不但认知上有偏差,行为也会受到认知的影响而出现社会退缩等功能受损表现。因此,创伤的修复是全方位的修复,而不是单一维度的修复。

优势4 有效赋能受伤的自己

不管是创伤的治疗还是康复,都需要一个有内在力量的自己。赋能就显得尤为重要。不管是现在的当事人,还是过去创伤场景下的当事人,都需要被赋能。现在的当事人由咨询师赋能,过去创伤场景下的当事人由现在的当事人来自我赋能。

通过当前的当事人给创伤场景下的自己赋能,也是把现在的认知传递给创伤场景下的自己,即用现在自己的视角(发展了的认知)进入创伤场景以代替自己过去的视角,成为更新的认知视角,让那个受伤的自己勇敢去面对施害者。被赋能的自己进入创伤场景后让当时的自己以更有利和有力的方式去面对施害者,创伤记忆可以转化并重新登记为非创伤性记忆,让来访者在当前的生活中即便遇到类似的场景也不会穿越到创伤场景,不会再产生行为退缩,自然也不会再有当时创伤经历的情绪体验。

最有效的赋能就是自己给自己赋能。

优势5 包含处理创伤的衍生影响

创伤的衍生影响前文已提及,包括情绪过度反应、泛化退缩倾向、被害错觉、反害倾向、过度自我保护和难以生发感恩之心等。这些衍生效应同样会对生活造成严重影响,需要在控制创伤症状之后，逐步处理。

优势 6　不要求做治疗作业

有些治疗方法需要孩子在每次治疗之后填写一些反馈表格或写日记，用以记录情绪或事件。这些记录固然有好处，但问题是当孩子处在失能状态，恐怕这些作业是做不起来的，甚至这些作业会让孩子穿越到做学校作业的场景，想起写不完作业被老师骂的场景，加重创伤效应。这就是压力型创伤综合征在中国特定环境下的特点，即和教育内卷有很大关系，那么治疗方法和理念是否契合就需要有所考量。

TMTT 不要求孩子在治疗过程中写任何作业，填写任何表格，只需要孩子在治疗中可以全身心投入，回应治疗师的带领，体会治疗逐步发生的效应，在感受到逐渐生发的力量的基础上，力所能及地做出相应的调整和改变即可。

优势 7　对父母的依赖程度低

不可否认，家庭对于孩子的成长影响很大，特别是青春期，青少年和外界几乎所有的接触都和家庭或家长有关，不管是父母彼此之间的关系，还是父母对待孩子的态度和方式，都会潜移默化地影响孩子。当孩子受伤了，很可能家长在此过程中扮演了重要的角色，甚至部分扮演了"施害者"的角色。

这时，很多治疗方法就开始从父母着手，甚至要求父母先改变，认为如果家长不改变，孩子就无法改变。这样的说法把改变的主要责任放在了家长身上，对于孩子来说，自己改变的责任变轻了，甚至会以此认为都是父母的错，自己没错，因此也不需要负责任。一旦孩子有了这种想法,治疗难度就变得更大,因为就算家长意识到自己的教养方式不合适,给孩子带来了影响或伤害,改变教养孩子的方式岂是一日之功。如果家长的改变很难,而孩子仍要以家长改变为前提,那么孩子自己的改变就要遥遥无期了。说到底,能够带来改变和疗愈的决定性因素是孩子自己。如果孩子自己不动用自己内在的力量,外在的力量再怎么给力都是无力。

TMTT 治疗的对象首要是受伤的当事人,是孩子自己,因为只有孩子自己的认知改变了,自我价值感得到恢复和提升了,内在有能量了,内心变得强大了,才能改变创伤记忆,即使再面对与创伤类似的情况也不会产生之前的创伤反应。因此,TMTT 的治疗对外界包括父母的支持的依赖程度并不大。又因为 TMTT 的创伤预处理系列赋能技术可以在孩子非常微弱甚至没有力量的情况下发挥功效,让孩子的力量逐步建立起来,所以即便在起始阶段对父母改变的依赖和外在力量的带动都是有限的。

无论"施害者"是不是父母,父母的支持程度和参与程度有多少,对这种治疗方法的效果的影响都很小。当然如果父母改变了,那肯定对于治疗效果会有一个更大的提升,父母没有改变也没关系,孩子自己的内心强大了就有能力去应对这些创伤了。

优势 8　有望在跨年龄段适用

TMTT 最初针对的治疗对象主要是青少年人群,既是因为目前青少年在 SITS 患者群体中占比最大,又因为它一整套的赋能技能对青少年非常有效,针对青少年各种各样的阻抗、各种各样的不配合、各种各样的挑战、问题和发展受阻现象尤为有效。TMTT 可以在青少年当下发展水平以最有效的方式进入青少年的内心世界,并且利用他现在使用的有效的积极资源来给自己赋能。

TMTT 针对青少年非常有效,但不代表对其他年龄段人群无效,TMTT 针对 18—30 岁青年的有效性正在得到越来越多的验证。在这个年龄段的人也可能面临各种挑战和创伤,他们同样需要一种能够帮助他们重新找到自我,赋予他们力量的方法。而且,成年人更加需要认知的改善和提升,就更有赋能空间。

二、TMTT 的劣势

每一种治疗方法都有优势和劣势,每个人可以按照疗法的优劣势选择最适合自己的疗法。TMTT 也有自己的劣势。

劣势 1　需要更大样本量验证

笔者临床诊疗收集的案例有限,在过去 3—5 年时间里大概收集了百余例个案符合 SITS 的诊断标准。目前 SITS 这一类型的个案数量有大幅上升趋势,且年龄跨度大。期待可以在接下来更长时间里通过更大样本量针对 SITS 和 TMTT 进行验证。

劣势 2　需要认知能力基础

正是因为 TMTT 以认知发展、自我赋能、处理衍生影响、终生受用等为目标,就要求参与治疗的孩子具备一定的认知水平。

到底怎样的认知水平够用呢？目前在治疗的孩子中年龄最小的为 12 岁。

劣势 3　跨文化适用性有待验证

目前在笔者临床诊疗的案例中，既有中国孩子，也有其他国家的孩子，但因为其他国家孩子的数量较小，跨文化的适用性有待验证。笔者在第三届国际精神病学大会上分享了压力型创伤综合征的有关工作，一位俄罗斯精神科医生会后与笔者交流，提到俄罗斯的青少年也存在非常类似的情况。

第九章

压力型创伤综合征的
康复

压力型创伤综合征的康复

创伤这件事不但需要治疗,也需要康复。

治疗是指控制症状,康复是指恢复功能、训练技能。

受伤者在治疗后,需要能够重建一个针对其自身经历的受伤故事的意义和信念的统合系统,即在认知层面对受伤的经历有一个新的叙述,这个新的叙述完全真实反映内心,且完全被内心所接受或接纳。在叙述过程中,已经没有了之前可能出现的过度情绪反应。创伤记忆并非消失了,过去发生过的事件依然存在于记忆中,只是因为自己变得强大,有能力去面对和战胜它,以至于回想起它的时候,已经不再激起创伤反应,而是云淡风轻。接下来也会以一种更加有力量且积极的姿态面对生活,自我效能感逐渐恢复,之前受阻的自我身份感继续发展,能够再次发掘、探索并享受生活中的乐趣,逐步恢复学业,和家人朋友重新建立关系,恢复正常的社会功能,在情绪、认知、行为等全方面都得到了修复和成长。

基于以上理解,SITS 的具体康复目标有如下五个方面。

目标 1　自我身份感发展不再受阻

孩子受伤之后,自我身份感发展受阻。疗愈后,被赋能重建的自我意志与自主权得到重建,自我价值感得到恢复,自尊得到了重建,这些都是自我身份感的基础。之前受阻,现在不再受阻。在日后生活中遇到类似情境,当创伤场景被重新唤起的时候,并不会再产生强烈的反应,而是能够处理自己的情绪。懂得保护自己,却不是过度自我保护;知道适当回避不良的人际关系场景,却不是泛化地完全退缩;可以在现实平静的生活中体会兴趣和爱好带来的乐趣;可以面对学习这样的麻烦事甚至是有挑战的事,朝着可以够到的目标努力,也不那么怕达不成目标;敢于重拾之前的梦想,或者开启新的梦想,从故步自封的创伤思维中走出来,对生活及未来再燃希望。

目标2 恢复基本功能

基本功能包括睡觉、吃饭、体力、动力、兴趣、情绪、注意力、记忆力和大脑思维能力,都可以得到相应程度的恢复。之前混乱的作息时间得到恢复,这件事不完全是生理上的阻碍,还有心理上的阻碍,因为不管是孩子还是大人,能够不受任何约束地想睡再睡、想起再起的感觉实在太诱人了,人很容易沉溺其中,不愿改变;吃东西其实一直都没什么问题,就算有问题,也非常容易解决,不管是药物还是非药物治疗都有非常好的效果;在恢复了睡眠和饮食之后,在没有病症的情况下,体力和动力一般都不会有问题,除非情绪和兴趣还没有恢复,间接影响了体力和动力;在充分赋能之后,情绪和兴趣一般都可以得到较好恢复;注意力、记忆力和脑力都需要相应的学习任务来衬托和体现。如果已经可以恢复学习活动,这些方面都可以随着学习活动逐步恢复,当然也可以通过一些专业训练法来促进恢复。

目标3 重建和家人的关系

孩子受伤这件事,父母很难脱离干系。要么父母就是让孩子觉得受伤的"施害者",要么父母在孩子受到其他人伤害时没有起到积极的保护作用而被怨恨,再加上受伤之后,家长不能理解孩子的痛苦感受,执意要让孩子持续暴露在受伤环境或要求孩子尽快恢复学业等,都会让孩子和家长之间的关系张力持续增加,甚至最后到了剑拔弩张、鱼死网破的地步。

如果孩子的创伤可以得到很好的治疗和疗愈,那么孩子就可以不再因为伤情而迁怒父母,或者可以理性看待父母的角色,也能够为自己负起责任来。借此,如果治疗师可以再做一些家庭治疗的工作,引导家长看到自己在孩子受伤这件事上的不当处理,愿意以自省的方式表达歉意,同时也愿意自我成长,那么孩子和家长关系的修复就指日可待。

目标4　恢复学业

恢复学业是指当青少年的创伤被疗愈并且进入康复阶段,在这个时期青少年已经恢复了一定的社会功能,已经有能力去面对当初受伤的场所和环境,当初那个场景已经不构成强烈的刺激,再次看到也不会惊慌失措。同时,他们也具备了能力应对当初带给他压力的各种人际关系,包括同学关系和师生关系,也有勇气和能力面对曾经不敢面对的学业。这种勇气和能力基于重新建立的自我认知、自我效能感和自信心,有自我欣赏的意识和能力就更好了。但即便是这样,孩子是否要回到原来的学校或原来的年级,要根据具体情况做具体分析。

目标5　恢复人际关系

人际关系不仅是指在外面交朋友的能力,还指与任何人交流互动过程中的自洽感和接收、体会和接受他人想法和情绪的能力。这种能力不仅体现在和外人的交往中,也体现在和家人的互动中。

创伤不仅影响青少年的学业,还影响他们的社交和社会活动参与。经历创伤的青少年可能会退缩,避免与人交往互动,减少参加社会活动。这些行为会影响他们的社交技能发展,限制他们的社会活动,从而影响他们的社会功能。孩子被疗愈后,人际关系可以逐步得到改善,甚至可以主动发展和维系人际关系,愿意尝试与人发展更深的情谊,发展亲密关系。

结 语

继《越郁》之后,紧接着就写了这本《我的孩子受伤了?》,是因为在《越郁》中写到青少年的状况时,很多受伤孩子的脸庞和家长的痛苦历历在目。

这些孩子辍学在家,无法上学,家长四处求医,尝试各种医治方法,都没有明显效果。家长看着孩子一天一天颓废下去,却又求救无门。

更让人痛苦的是,家长们呕心沥血抚养孩子,为孩子不惜花重金去最好的学校,就是为了让孩子得到最好的教育,可没想到这种心血的付出却换来孩子的辍学,更没想到孩子不但不会感谢父母,反而怪罪甚至怨恨父母,说自己就是父母的学习机器,说自己的一生都被父母给毁了。这让父母情何以堪!

作为医者,看到越来越多这样的孩子来到诊室,不禁感慨,这个时代到底是怎么了?!

当家长听精神科医生的意见,按照抑郁症治疗孩子很久之后,发现孩子并没有明显好转,不但没有回去上学,还和父母反目成仇,唯一留下的就是一大堆药物副作用。

家长不禁叹问：我的孩子到底怎么了?!

这是一个特殊的时代，是一个高压的时代。在这样一个时代，青少年首先受到冲击，并非因为他们承受了最大的压力，而是因为他们尚未具备承受压力的能力。在社会、学校和家庭层层加码之后，青少年感受到了前所未有的压力，不堪重负之后就被压垮了，躺平了，放弃了。

让人感到更加悲凉的是，孩子辍学在家，有可能连玩的意识和能力都是单调的，只懂得黑白颠倒玩游戏，甚至只玩一种游戏。学习这个单一概念曾经占据了孩子的全部生活，让孩子本该发展出来的兴趣爱好都没发展出来，造成孩子连玩的思想和意识都是单一和单调的，就把自己整天关在房间里玩游戏。说得再难听一点，孩子甚至根本不懂得什么才是好的生活，就更别说如何好好地生活了。

真正好的生活并不是名校标签和好工作、好薪水堆砌起来的，而是对生活真实的感触、对乐趣真实的体验、对困难真实的经历、对自我真实的突破、对挫败真实的耐受、对梦想真实的思考、对未来真实的盼望等这所有的真实在一起碰撞出来的。这个碰撞更多在于过程，而非结果。

可这个以成败论英雄的时代早已把过程体验远远抛在脑后了。

孩子暂时疗愈了，功能暂时恢复了，关系暂时缓和了，学业暂时继续了，一切暂时平静了。可是，造成这一切的源头，包括持续存在的强压力、过于单一的学习概念、过于单调的生活体验、沟通不良的亲子关系和无法耐受挫败的心理承受力等因素，都还在吗？

后记

这本书涉及的病症和治疗方法具有一定特殊性。病症特点方面包括教育带来的持续压力环境、优质教育资源的有限和缺乏、父母对待教育的理念和态度、孩子在被动被卷过程中的无奈和无力等。疗法特点包括强调自我赋能、挖掘自身资源、拓展生活体验、提升对学习概念的认识、促进平衡看待原生家庭扮演的角色以及降低对父母改变的依赖和期待,从而提升社会适应性等。

这种具有一定特殊性的心理病症和疗法是顺应时代发展的产物,是针对当下社会现象和社会心理发展趋势的一种反映,同时也对提示不能照搬西方心理学理论、方法和理念有促进作用。心理学在我国发展时间不长,大部分时间在照搬西方理论,但当应用这些照搬来的理论时,发现有很多"消化不良"的情况。例如,人际边界理论认为每个人都应当有自己的边界感,为自己负责,守好自己的边界,不过度为他人负责,也不僭越他人的边界。这个理论在西方社会很适用,因为在西方文化里一直以来都比较强调独立性、隐私性、自主权和自我意识。但我国文化并非如此,尤其是家庭中有非常紧密的关系,甚至在孩子长大成年之后仍然和父母有紧密的关系,因为一方面家长为孩子投入和投资了自己的全部人生,很自然会希望保持和孩子的联结和互动,甚至期待回报,另一方面孩子也在很多方面需要和依赖父母,比如结婚买房、照顾下一代等。很显然,这种紧密的关系有利有弊。但如果照搬西方人际边界理论,让孩子自己独立,让家长学会放手,其实施行起来很不容易。那就需要找到中间地带,既可以满足父母和孩子之间亲密感和彼此照顾的需要,又能够尽可能彼此独立,设立边界。对于这个中间地带就需要摸索,以找到一个合适的平衡点。可能每个家庭的平衡点都不一样,这就需要有个探索的过程。

像这样的情况有很多,就是心理学理论在我国文化环境下应用时涉及处境化的问题。作为心理学从业者,需要既能够学习吸取西方优质的知识理念,又能够在跨文化应用时充分考虑到处境化因素,找到合适的切入点和平衡点。

本书所阐述的病症和疗法目前已经广泛应用在笔者的临床实践中,起到了良好的治疗效果。期待本书可以帮助更多无法上学的孩子回到学校、回归家庭、融入社会,最重要的是重新找到自己。

鸣谢

首先感谢上天所赐恩典,让我有机会撰写这本书,给需要的人带来帮助。

始终感谢我的太太,在撰写过程中的默默支持和祈祷。

感谢两个孩子,在抚养和教养他们的过程中,积累了很多素材用在这本书中。

感谢以下伙伴在转录文稿过程中的大力支持:毕少红、李灵芝、王岳、孙娟、周萍、朱成健、赵珮言、曾燕宁、杨璨、张莉。

感谢上海社会科学院出版社的大力支持,感谢责任编辑所做的工作。

感谢每位读者用心阅读,期待你们的反馈。